KB217689

황제내경과 성경

모든 인간은 하나님의 형상을 닮은 존엄한 존재입니다. 전 세계의 모든 사람들은 인종, 민족, 피부색, 문화, 언어에 관계없이 존귀합니다. 예영커뮤니케이션은 이러한 정신에 근거해 모든 인간이 존귀한 삶을 사는 데 필요한 지식과 문화를 예수 그리스도의 사랑으로 보급함으로써 우리가 속한 사회에 기여하고자 합니다.

황제내경과 성경

초판 1쇄 찍은 날 · 2014년 3월 1일 | **초판 1쇄 펴낸 날** · 2014년 3월 5일
지은이 · 손영규 | **펴낸이** · 김승태
등록번호 · 제2-1349호(1992. 3. 31) | **펴낸 곳** · 예영커뮤니케이션
주소 · (136-825) 서울시 성북구 성북1동 179-56 | **홈페이지** www.jeyoung.com
출판사업부 · T. (02)766-8931 F. (02)766-8934 e-mail: edit1@jeyoung.com
출판유통사업부 · T. (02)766-7912 F. (02)766-8934 e-mail: sales@jeyoung.com

Copyright ⓒ 2014, 손영규

값 12,000원

국립중앙도서관 출판시도서목록(CIP)

황제내경과 성경 / 지은이: 손영규. ― 서울 : 예영커뮤니케
이션, 2014
    p. ; cm

참고문헌 수록
ISBN 978-89-8350-681-2 03230 : ₩12000

황제 내경[黃帝內經]
한의학[韓醫學]

519.1-KDC5
610.951-DDC21   CIP2014002383

황제내경과 성경

손영규 지음

예영커뮤니케이션

지금은 바야흐로 융합의 시대입니다. 동양과 서양이 융합하고, 기술과 신앙이 융합하고 있습니다. 손영규 박사님은 이 융합의 시대를 위해 준비된 분입니다. 그는 동양의학과 서양의학을 함께 연구하셨고, 의사이며 목사입니다. 그는 여러 해 동안 선교 현장에서 선교사들을 섬기면서 선교사로, 선교 전략가로 일해 오셨습니다.

『황제내경과 성경』은 이런 그분의 축적된 지식과 경험의 산물입니다. 영성과 지성이 만나 펼치는 안목으로 성경을 새롭게 보게 됩니다. 그리고 선교의 새로운 지평선을 바라보게 됩니다. 치유가 화두가 되는 오늘날의 세상에서 이 책은 희망입니다. 전인치유의 새 희망으로 성경과 고대의 지혜가 만나는 곳에서 우리는 새로운 선교의 전략과 가능성을 탐구하게 될 것입니다.

의학과 치유, 선교와 복음의 화두를 끌어안고 고뇌하는 모든 분들, 지구촌의 새 지평으로 나아가고자 하는 모든 선교 동역자분들에게 이 귀한 책을 기쁘게 추천합니다. 또한 이 책이 전도의 문이 급속하게 닫

히고 있는 국내에서도 전도의 새로운 도구로 연구되고 사용되기를 소망합니다. 의료 선교의 새 아침이 밝아오기를 함께 기도합니다.

2013년 가을

복음의 동역자, 이동원 목사

(지구촌교회 원로목사, 건양대학교 석좌교수)

추천의 글

저자 손영규 박사님을 알게 된 지도 어언 40년이 되어 갑니다. 지금까지 많은 사람을 만나보았지만, 그중 가장 독특한 캐릭터를 가지신 분이 아닐까 하는 생각이 듭니다. 의학을 전공하셔서 서양의학의 전문의가 되시고 의학박사가 되셨음에도, 다시금 미국에서 한의학을 수학하셔서 동서를 넘나드는 학문의 경지를 펼쳐 나가셨습니다. 또한 평신도로서 지역교회의 장로가 되기까지 봉사하셨음에도 신학을 한 후 목사가 되셨으며, 나아가 선교사로서의 삶을 사셨습니다. 지리적으로도 한국과 미국, 중국을 넘나들며 동서양의 의학을 통합적으로 바라보셨고, 특히 치유선교학의 개척자이신 이명수 박사님의 수제자로서 전인치유 사역의 지평을 여셨습니다.

『황제내경과 성경』은 하나님의 창조질서를 이해하면서 치료의 근본이 서양과 동양 간에 서로 다르지 않음을 설명하고 있습니다. 현대의학이 너무 세분화되면서 전체를 보는 관점이 흐려지고, 지나치게 기계에 의존하며, 아울러 수량화된 측정 가능한 데이터만을 사용하는 한계를 갖게 되었습니다. 이제 서양 의학자들조차도 스스로의 문제를 인지하고 보완대체의학을 포함하여 통합적인 의학의 필요성을 강조하며,

첨단과학의 발전으로 자연의 질서가 면역체계에 중요한 영향을 끼치고 있음을 입증하고 있습니다.

여러분은 『황제내경과 성경』을 통해 우리 몸속의 세밀한 신비로움과 우주의 광활한 장엄함을 함께 경험하게 될 것입니다. 아울러 세포 안의 유전자에서부터 영혼의 비밀에까지 연결되는 하나의 체제를 이해하게 될 것입니다. 동서양을 넘나들며, 세포에서 영혼까지 아우르는 이러한 전인적인 접근은 누구나 할 수 있는 작업은 아닐 것입니다. 아마도 하나님께서 이 위대한 작업을 위해 손영규 박사님을 준비해 두신 것이 아닌가 생각합니다. 또한 중국어판을 준비하고 있다니 이 또한 기쁩니다. 모든 진리는 하나님의 진리일진대 황제내경의 성경적 조망을 통해 하나님의 선물인 한의학이 새롭게 우리 모두의 마음속에 정리되기를 간절히 바랍니다.

2013년 가을
의학박사 박상은
(샘병원 의료원장, 한국누가회 및 기독병원협회 회장 역임)

추천의 글

한의학을 전공한 그리스도인이라면 한번쯤은 한의학이 신앙에 위배되는 학문은 아닌지 고민하게 됩니다. 실제로 이 문제를 넘지 못해서 중간에 학업을 포기하는 이들도 있습니다. 한의학이 하나님의 선물이라는 고백을 많은 기독한의사들의 입에서 듣게 되지만, 구체적인 연구 논문은 많지 않은 상황입니다.

오랜 기간 가까이서 지켜본 저자는 이비인후과 의사이지만, 인문학적·역사학적으로 많은 관심과 재능을 가지고 있습니다. 미국에서 한의학을 전공하고 연구한 그의 저서를 보니 역사학적·인문학적인 재능이 고스란히 담겨 있습니다. 또한 한국에서 서양의학을 전공했지만 여느 한의사보다도 더 한의학적인 세계관을 지니고 있는 것은, 저자가 오랫동안 전인치유를 연구해 왔기 때문이 아닌가 생각합니다.

이 저서는 중국의 상제(上帝)가 누구인지를 구체적으로 제시함으로써 한의학의 근거가 되는 중국 사상의 뿌리를 성서적으로 고찰하고 있습니다. 이는 로마서 1장 19-20절을 기억나게 합니다. 또한 한의학의 최고(最古) 경전인 『황제내경(黃帝內徑)』을 성경적으로 고찰함으로써 한의학이 하나님의 지혜로 시작된, 하나님의 선물인 것을 구체적으로 제시하고 있습니다. 아울러 목사이자 선교사로서의 삶의 간증이 이 땅을 살아가는 일반 성도들에게 많은 도전을 줍니다. 그러므로 이 저서가 한의학을 공부하면서 신앙적 정체성이 혼돈되거나 확신이 없는 분들에게 좋은 안내서가 되리라 생각합니다. 아울러 이 저서가 기독교적 관점에서 한의학의 가치를 연구하는 데 기폭제가 되어 더 많은 연구가 진행되기를 바랍니다. 그리하여 왜곡되어 있는 한의학을 다시 회복시키는 역사가 일어나기를 기대합니다.

2013년 가을

한의학박사 권혁성

(GAMA 이사장)

감사의 글 _개정판을 내면서

이 모든 것이 주님의 은혜입니다! 다시금 이 부족한 자를 깨우쳐 새롭게 개정판을 내도록 인도해 주신, 모든 진리의 원천이신 성삼위 하나님께 감사와 영광을 돌립니다.

초판 『황제내경과 성경』이 출간된 지도 이제 10년이 지났습니다. 이 책을 통해 '한의학은 하나님의 선물'임을 깨닫고 저에게 뜨거운 격려를 보내 주신 많은 분께 감사를 드립니다. 또한 오랜 시간 동안 저를 가르쳐 주신 여러 스승님께도 감사를 드립니다. 특히 치유사역의 새로운 패러다임을 꿈꾸어 온 저에게 하나님 말씀 연구의 기틀을 정립해 주신 은석(恩石) 김의환 목사님, 말씀과 과학이 함께 만나서 병들고 상처받은 몸과 영혼을 치유케 하는 '치유선교학'이라는 새로운 학문을 가르쳐 주신 일보(一步) 이명수 박사님, 그리고 아낌없는 사랑과 자상한 가르침으로 한의학에 새로운 눈을 뜨게 하여 주신 대형(大兄) 정성택 박사님께 감사를 드립니다. 그러나 이분들께서는 이제 모두 주님 품에 안기셨기에 그립고 안타까운 마음뿐입니다.

개정판이 발간됨에 따라 귀한 추천사를 써 주신 모든 분께 감사를 드립니다. 지구촌교회 원로목사이시며 건양대학교 치유선교학과 석좌 교수이신 이동원 목사님, 한국누가회 및 기독병원협회 회장을 역임하신 샘병원 의료원장 박상은 박사님, 그리고 글로벌아시안의학회(GAMA)의 이사장이신 권혁성 박사님께 감사를 드립니다. 아울러 한의학을 사랑하여 '한의선교예배공동체'를 함께 이루어 가는 GAMA의 모든 동역자 여러분들께도 감사를 드립니다.

열방선교에의 열정을 품으셨기에 오랜 세월이 지남에도 한결같이 아낌없는 사랑과 격려를 베풀어 주시는 의형(義兄) 주동기 · 복희 장로님 내외분과, 변함없는 사랑으로 미국 한의사 자격을 이제까지 유지하도록 도움을 주신 이광재 · 병숙 장로님 내외분께 감사를 드립니다. 또한 끊임없는 사랑과 신뢰 속에서 저희 부부를 선교사로 파송해 주시고, 늘 기도해 주시며 용기를 주시는 창성교회 함성익 목사님 내외분과 장로님들과 귀한 성도님들, 또한 지금까지 기도와 사랑을 베풀어 주신 많은 교회와 목사님들과 믿음의 동역자들께 감사를 드립니다. 특히 이제 새롭게 시작되고 있는 우리 은혜동산교회와 귀한 성도님들께 감사를 드립니다. 아울러 특별히 이 책이 발간되기까지 많은 배려와 도움을 주신 예영커뮤니케이션의 김승태 사장님과 이보영 선생님 및 수고하신 모든 분께 감사를 드립니다.

팔순이 훌쩍 넘어 육신은 나날이 쇠약해짐에도 주님을 사모하는 마음은 깊어지고 자녀들을 위해 간절히 기도하시는, 사랑하고 존경하는 저의 어머님 최숙호 권사님과 장모님 정정순 권사님께 감사를 드립니다. 어렵고 힘들 때마다 아낌없는 사랑을 베풀어 주시는 사랑하는 누님 손귀주 교수님께도 감사를 드립니다. 그리고 가정치유상담에 열심을 내며 치유선교 사역에 한평생 영원한 나의 지지자요, 반려자요, 동역자인 사랑하는 아내 황희숙 박사와, 시카고 트리니티복음주의신학교를 모두 함께 마친 큰 아들 손정욱 · 김민지 목사 내외와 작은 아들 손정헌 전도사에게도 감사를 드립니다. 성삼위 하나님 은혜에 감사합니다!

주후 2013년 가을, 고향 경주에서
惠民 손영규

차례

성경적

관점에서

한의학을 바라보는

은혜와 즐거움을

함께 누리고

함께 나누길

원하는

한의학을

사랑하는

분들에게

이 글을

바칩니다

1장

한의학의 성경적 뿌리를 찾아서

정말 큰 숙제 하나를 끝내는 마음이다. 하나님께서 이토록 부족한 자를 병들고 상처받은 이들을 치료하고 돌보는 의사로 부르신 그 은혜에 너무 감사하여 "어떻게 하나님 아버지를 기쁘시게 할 수 있을 것인가!" 하고 생각해 왔다. 신실하고 재능 있는 기독의사들이 많을진대 무엇 하나 내세울 것 없는 나에게 '특별히 맡기신 일은 무엇일까?' 하는 마음에, "내가 받은 작은 재능일지라도 이것을 통하여 하나님 아버지의 이름을 높이고 영광 돌릴 수 있다면 얼마나 좋을까!" 하는 심정으로 나에게 주어진 숙제들을 찾기 시작했었다.

기독의사로서 서양의학을 공부함에 있어서 서양의료 선교사들이 복음과 함께 전해 준 '서양의학'은 '기독교의학'과 같아 긍지를 가졌지만, 우리나라의 전래 의학인 '한의학'은 왠지 '비기독교의학'이요, '미신의학' 같았고, 그러한 학문으로 의사 노릇을 하는 한의사들이 돌팔이 같아 보였으며, 그런 의학을 찾아다니며 병 낫기를 원하는 사람들의 모습이 한심스럽기만 했었다.

그러나 비록 서양의학을 배우고 양의사가 되었지만, 수십 년 동안 의사 노릇을 하면서 서양의학의 한계를 조금씩 느끼게 되었고, 교만한 내 모습을 깨닫게 되었다. 그 결과 의학을 연구하고 환자를 치료함에 있어서 '의사 중심'에서 '환자 중심'으로 생각을 달리하게 되었다. '환자에게 도움이 된다면!' 나의 학문에 대한 자존심보다는, 그 '도움이 될 것'에 대한 이해와 연구를 하여 환자를 보다 잘 돌보는 것이 기독의사로서 마땅히 가져야 할 자세라고 생각하게 된 것이다. 이러한 과정에서 한의학에 대한 관심이 커지게 되어, '과연 수천 년 동안 한국, 중국 그리고 일본 등지의 동양에서 주요한 치료 및 예방의학으로 자리해 왔던 한의학이 과연 미신적인가?, 아닌가?' 하는 궁금증을 가지게 되었다.

또한 하나님의 창조물인 삼라만상 자연 속에 하나님의 지혜가 담겨 있을 것이 분명하다고 느끼면서, 철저히 자연을 연구하고 응용하는 한의학에 대한 인식을 달리하게 되었다. 그러면서 한의학을 공부할 기회를 찾기 시작했는데, 전혀 뜻밖에 미국에서 한의학을 공부하게 되었다. 그것은 정말 예상치도 못한 하나님의 은혜였다. 치유선교를 위한 공부를 꿈꾸면서 미국으로 갔는데, 신학과 선교학 공부의 길은 쉽게 열리지 않고 뜻밖에 한의학을 공부할 기회가 먼저 주어졌던 것이다. 아마도 신학과 선교학의 길이 먼저 열렸더라면 미국에서의 한의학 공부는 이루어지지 않았을 것이다. 하나님께서는 나를 위한 다른 계획을 가지고 계셨던 것이다. 그리하여 미국에서 한의학 공부를 먼저 시작함으로써 신학과 선교학의 공부도 이어서 하게 되었다.

미국에서의 한의학(동양의학)의 발전은 1970년대부터 시작되었다.

당시 미국 닉슨 대통령과 중국 모택동 주석이 미(美)·중(中) 화해 정책으로 '핑퐁외교'를 추진했는데, 그 일환으로 학문교류의 차원에서 중국 한의학이 미국에 본격적으로 소개되었다. 한 예로, 복부수술에 있어서 전통적인 서양의학식 마취제를 전혀 사용하지 않고 침술만으로 전신마취의 효과를 나타내어 의사가 환자와 대화하면서 수술하는 광경이 전 세계 매스컴에 집중적으로 보도되기도 했다. 그 후 중국을 대표할 만한 많은 한의사들이 미국으로 건너가 교환 교수로 미국에서 자리를 잡았다. 이런 상황 속에서 한국의 유명 한의사들도 대거 미국으로 건너가서 한의학이 미국에 뿌리를 내리는 데 큰 역할을 했다. 그 결과 현재 미국 한의학 교육은 캘리포니아주의 경우에는 세 가지 언어(영어, 한국어 및 중국어)로 학습이 가능하며, 이 세 가지 언어로 미국 침구사(한의사) 면허 시험도 치를 수 있다.

미국에서의 한의학 공부는 나에게 큰 기회였다. 한국과 중국에서 온 유명한 교수들을 통하여 '한국 한의학'은 물론이요, '중국 한의학'도 한문 원전(原典)으로 배울 수 있는 기회를 얻게 된 것이다. 그리하여 한의학의 원전인 『황제내경』을 연구할 기회가 나에게 주어졌다. 모든 한의학의 원전이 되는 이 책을 처음 대할 때, 내 가슴은 두근거리기 시작했고, 공부를 하면 할수록 '그러면 그렇지!' 하며 쾌재를 부른 것은, 한의학이 단순히 '미신적 의학'이거나 '타종교의 산물'이 아니라, '하나님의 선물'인 것임을 엿보았기 때문이었다.

그 후로 이것을 증명하는 것이 내가 해야 할 큰 숙제 중의 하나임을 깨닫고 이를 위해 자료를 모으고 자문을 구해 왔다. 그러나 '나중에 제출하리라' 하며 계속 그 숙제의 완성을 뒤로 미루어 놓았기에 이것이

내 마음 한 구석에 늘 부담이 되었다.

수년이 지난 어느 날 갑자기 하나님께서 숙제 검사를 하겠다는 통지를 보내 오셨다. 기독교학문연구회에서 '기독교적 관점에서 본 동양사상'이라는 논제로 '한의학에 대한 기독교적 이해'를 다루어 달라는 요청이 온 것이다. '드디어 올 것이 왔구나!' 하는 마음에 두렵고 떨리면서도 웬 은혜와 감사가 그리도 넘쳐나는지!

이제 오랜 기간 이 과제를 부여잡고 고민해 온 것을 부족한 모습으로나마 이렇게 제출하는 바이다. 이 글을 통하여 한의학이 하나님께서 만물 속에 감추어 두신 그분의 지혜로 비롯된 것임을 새롭게 깨닫는 계기가 되었으면 한다. 그리하여 이 작은 글이 한의학을 사랑하는 모든 분들에게나, 또는 한의학을 잘 모르고 이를 경멸하는 사람들에게나 조금이나마 유익이 되기를 바라는 마음이 간절하다.

나아가서 한의학이 21세기 기독교 치유사역의 새로운 패러다임을 구축하는 데 큰 역할을 담당하기를 바라며, 그런 관점에서 이 글이 치유선교의 새로운 지평을 여는 데 작은 부분이나마 기여하기를 소원한다.

이제 우리 함께 한의학의 성경적 뿌리를 찾아 떠나 보기로 하자!

1. 한의학과의 만남

1991년 여름, 아세아연합신학대학원(Asia Center for Theological Stud-ies: ACTS) 치유선교학과(Dept. of Healing Ministry)를 졸업하자마자 지도교수이신 이명수 박사께서 미국 풀러신학교(Fuller School, USA)의 임상심리학과 주임교수인 말로니 박사(Dr. Malony) 앞으로 소개장을 써 주시며 치유사역 공부를 하고 오라 하셨다. 미국 로스앤젤레스(LA)에 도착한 우리 가족은 고교 동창생인 강성모 선생 댁에 머물렀고, 나는 풀러신학교 입학을 시도했다. 그러나 주임교수인 말로니 박사는 영국 옥스퍼드대학교 교환교수로 떠나고 없었다. 미국 풀러신학교는 신학교, 선교학교 그리고 임상심리학교로 구성되어 있었는데, 학교 교무처로 입학문의를 했더니 어느 학교든지 나에게 입학을 허락한다는 것이었다. 그러나 토플 성적이 걸림돌이 되었다. 이런 와중에 경희대학교 대학원 예방의학과 선배이신 정성택 박사[1]를 LA에서 극적으로 만났다.

정성택 박사는 서울대학교 치과대학교를 졸업하고 서울에서 성공한 개업의였다. 그는 낙천적인 성격에 사람들과 어울리기를 좋아했다. 그러나 활발한 대인관계로 급성간염을 앓으면서 급격히 건강이 나빠졌고, 현대 서양의학으로는 더이상 치료가 불가능했다. 유명하다는 선배, 친구 의사들은 모두 손을 놓은 상태였다. 그는 자포자기하고 있다가 이렇게 생을 마감할 수 없다고 생각하여 한의학에 눈을 돌리기 시작했다. 유명한 한의사는 다 찾아다니며 치료했지만 병은 더 깊어갔다. 그러다가 지금까지 행해 온 한의학의 방법이 잘못되었다는 것을 깨달았다. 그는 다시금 스스로 한의학을 공부하면서 한의학의 근본 이치를 탐구하게 되었다. 초야에 묻혀 있던 한의사와 동양 철학자를 찾아다녔고, 서적을 통해 앞서간 선배들의 가르침을 배웠다. 그는 동양의학적 '우주 변화의 원리'를 연구하면서 스스로 병을 치료했다. 한의학으로 자가(自家) 치료를 함으로써 건강을 되찾자 그는 '한의학 전도사'가 되었다. 한의학이 그의 신앙이 된 것이다. 그는 잘되던 치과를 다른 이에게 넘겨주고, 서양의학과 동양의학의 만남을 꾀하고자 했다. 동서의학의 진정한 만남을 추구하기 위해 치과 의사 출신인 그는 의과대학에서 예방의학을 다시 전공하여 의학박사가 되었다. 그리고 한의학을 학문적이고 체계적으로 연구하기 시작했다. 경희대학교 의과대학대학원 예방의학교실에서 정 박사와의 만남이 내가 한의학에 입문하게 된 첫 동기였다.

나는 치유선교학을 공부하기 위해 미국으로 갔고, 정 박사는 한의

---

[1] 정성택(1946-2001): 동양학자, 한의사, 치과의사, 말년에 기독교신자가 되다[참고: 정성택, 『동양의학과 대체의학』(서울: 행림출판사, 2000)].

학 연구를 위해 북경으로 갔다. 바로 그때 그는 미국 캘리포니아 로스앤젤레스 주립대학(UCLA)으로부터, 신설하는 동서의학연구센터의 연구원으로 와 달라는 제의를 받았다. 그러면서 풀러신학교 입학을 기다리던 나와 만나게 되었다. 하나님께서 마련하신 절묘한 만남이었다. 그의 건의로 우리는 로스앤젤레스에 있는 삼라대학교 대학원 동양의학과 석사과정에 함께 입학했다. 그 이후에 하나님께서는 나를 풀러신학교에서 임상심리학을 공부하게 하는 대신에, 미국 로스앤젤레스에 있는 복음주의 신학교이자 세계선교를 위해 전략적으로 세워진 국제신학교(International Theological Seminary)에서 목회학(M. Div) 석사 및 신학 석사(Th. M) 과정을 공부하게 하셨다.

로스앤젤레스에서의 훈련은 혹독했다. 동양의학 석사, 목회학 석사 그리고 신학 석사과정의 공부를 거의 동시에 하게 된 것이다. 이것은 한국에서 이미 의학 박사와 치유선교학 석사과정을 모두 마치고 온 것이 인정되었기 때문이었다. 매일 아침저녁으로 한의학교와 신학교, 두 학교를 넘나들며 낮에는 '하늘 공부', 밤에는 '땅 공부'에 매진하였다. 때로는 낮·밤의 공부가 바뀌기도 하였다. 하늘에 올라갔다, 땅에 내려왔다, 높은 하늘가를 맴돌다가 또 땅과 땅속과 물속을 헤매는 공부는 나를 정신없게 했다. 특히 영어로, 한국어로, 때론 중국어로 진행되는 공부들은 얼마나 부담이 되는지! 거기에다 서울에서 경영했던 병원을 양도해 주는 대가로 받기로 한 지원금은 약속대로 보내오지 않았다.

서울에서 개업하여 잘 나가던 의사가 미국에 공부하러 왔다는데, 누가 기본 생활비조차 위협받는다고 생각이나 했겠는가! 어느 누구에게도 하소연할 수 없는 상태에서 하나님께만 부르짖었다. "하나님! 당신의 군사로 불러 훈련시키신다면, 먹고 입고 자게는 해 주셔야 할 것 아닙니까? 세상나라 군사도 훈련병일 때는 국가에서 먹여 주고 입혀 주고 재워 주는데, 아이들 급식비조차 없어 발을 동동 굴리고, 주말마다 '거라지 세일' 장소를 뒤지며, 아파트 집세 때문에 이렇게 마음을 졸여야만 합니까? 계속 이러시면 저는 보따리 싸서 한국으로 돌아가겠습니다." 되지 않은 자가 되지도 않는 소리로 기도라고 올리고 있었다.

그러나 엘리야의 까마귀는 오늘날에도 미국 땅 '천사의 도시(LA)'에 날고 있었다. 하나님은 이 모든 사정을 알고 계셨다. 결코 사람을 향해 손 내밀지 않고 하나님께만 부르짖을 때에 하나님께서는 당신의 신실한 일꾼인 'LA 까마귀'와 'LA 사렙다 과부'를 준비해 두시고 적시 적소에서 보내셨다. 이렇게 하여 세계선교를 향한 평생 동지들이 된 많은 신실한 분들을 만나게 하셨다.

나와 한의학과의 만남은 서양의학을 통과한 후에 다시 신학과 목회학과 선교학을 거쳐, 한국에서 총신대학교 신학대학원과 아세아연합신학대학원에서 배우고 가르치며, 또한 중국을 굽이굽이 돌고 돌아 다시 한국으로 돌아오는 과정 속에서 이루어졌다. 주님께서는 왜 이렇게 하셨을까? '소 모는 막대기' 같은 이 부족한 자를 어떻게 쓰시려고!

"에훗 후에는 아낫의 아들 삼갈이 있어 소 모는 막대기로 블레셋 사람 육백 명을 죽였고 그도 이스라엘을 구원하였더라"(삿 3:31).

2. 한의학과 서양의학

우리나라에 서양의학이 도래된 지 100여 년이 지났다. 그러나 한의학이 우리나라에서 활용된 것은 우리나라의 역사와 같이하여, 장구한 역사를 가지고 있다. 그렇다면 과연 서양의학과 한의학의 차이점은 무엇일까?

서양의학과 한의학에 대한 이해는 이 문제를 오랫동안 고찰해 온 전세일 박사[2]의 설명이 우리에게 많은 도움을 준다. 그는 다음과 같이 주장한다.

"서양의학은 18세기 이래로 급속하게 발전했다. 그 특징은 논리적 사고에 의한 분석적 실험과 통계에 의한 확률을 바탕으로 이루어진 사

---

2 전세일 : 의학박사, CHA의과대학교 통합의학대학원 원장, 연세의과대학 재활의학과 교수 역임.

실성과, 해부학을 중심으로 한 공격적 실험정신에 의한 정확성을 근본으로 삼고 있다. 그러므로 서양의학은 합리적인 이해를 바탕으로 강력한 설득력을 지닌다는 특징이 있다. 더욱이 서양의학은 실험에 의한 증명을 추구함으로 보편타당한 객관성을 지니고 있는 까닭에 그 응용이 보다 용이하며, 그 정보를 나누고 평가하는 데도 객관적인 기준을 세우기가 쉽다"[3]

서양의학의 특징은 한마디로 '과학적이고, 현대적이다'라는 것이다. 그것은 곧 '서양의학은 진리이다'라는 묵시적 인정을 받고 있다는 의미이기도 하다. 더욱이 서양의학은 서양 개신교 의료선교사들에 의하여 도래되었기 때문에, 기독교인들은 '서양의학' 하면 '기독교'를 연상한다. 따라서 기독교인들은 '서양의학'을 '현대의학'이요, '진리의 의학'이요, 하나님께서 주신 '믿음의 의학'으로 생각한다.

한편 한의학의 특징을 논함에 있어서 전세일 박사의 주장은 다음과 같다.

"한의학은 일반적으로 동양철학을 바탕으로 한, 형이상학적인 사고에 그 출발이 있다고 본다. 그러므로 보다 기술 의존적인 서양의학에 비하여 한의학은 보다 인문주의적이다. 의사는 지도 교육을 하는 위치에 있으며 환자는 행위자가 된다. 병을 치료함에 있어서 의사나 환

---

3 전세일, "동서의학의 공통점과 차이점", 「대한의사협회지」, 1997년 3월호, pp.276-282.

자 모두에게 적극적인 책임이 있는 것이다. 그러므로 한의학은 어떠한 '병' 자체를 보기보다는 그 병과 관련한 신체적 · 정신적 통찰을 중시함으로써, '어떻게 병을 치료할 것인가?'보다는, '어떻게 건강을 이룰 수 있는 것인가?' 하는 것에 더욱 관심을 가진다. 또한 한의학은 '배움'에서 얻는 '지식'의 습득에서라기보다는 '깨달음'에서 느끼는 '직감'을 중요시하며, 실험을 통해서 얻는 지식이 아니라 경험을 통해서 얻는 지식이기에 매우 주관적이다. 서양의학에서도 물론이겠지만, 특히 한의학에서는 '어떤 의사를 만나는가?' 하는 것이 매우 중요하다. 그러므로 한의학은 서양의학에 비하여 해부학적 분석에 비중을 두기보다는 총체적인 조화와 균형을 강조하기에 적당한 역할(中庸)을 추구한다."[4]

그러나 한의학의 특징을 잘 모르는 사람들은 그 특징을 논함에 있어서, 한의학을 전근대적인 '고루한 의학'이며, 실험 · 분석 · 증명하기 힘든 '비과학적 의학'이요, 심지어는 '미신의 의학'으로 매도한다. 특히 일부 기독교인들 가운데는 한의학이 도교나 유교 또는 불교에 깊은 영향을 받은 것으로 생각하여 동양철학적 사념에 속한 '도사들의 의학'으로 간주하고, 반 기독교적인 '불신앙의 의학'으로 여기는 경우도 있다. 이러한 관점에 대하여 한의학이 과연 그러한지 살펴보기로 하자.

---

4 Ibid.

3. 한의학에 대한 새로운 이해

한의학에 대한 새로운 이해를 위하여, 동아시아 의학 전문가인 이종찬 교수[5]의 의견에 주목해 보고자 한다. 그는 특히 한의학의 이론적 탯줄이 되는 『황제내경』의 이해에 대하여 다음과 같이 주장한다.

"『황제내경』은 텍스트다. 중국 사회에서 텍스트로서 『황제내경』의 이해는 크게 두 가지 방향에서 이루어져 왔다. 한 가지는 『황제내경』에 주석을 달아서 설명하는 방법이고, 다른 하나는 텍스트의 부분적인 문자나 어구를 설명하는 훈고(訓詁)의 방법이다. 대부분의 의학 서적은 두 가지 방법을 함께 사용하고 있다. 한국 사회에서도 『황제내경』에 대한 연구는 이 두 가지 방법에서 크게 벗어나 있지 않다."[6]

---

5 이종찬 교수는 서울대학교에서 치의학을, 존스 홉킨스 대학에서 의사학 및 보건정책을 연구했고, 아주대학교 인문사회의학교실에서 재직했다. 『한국에서 醫를 論한다』 외 다수의 저서들이 있다.
6 이종찬, 『동아시아 의학의 전통과 근대』(서울 : 문학과지성사, 2004), pp.76-77.

따라서 이종찬 교수는 "텍스트로서 『황제내경』을 어떻게 읽어야 할까?" 하는 문제에 대하여 다음과 같이 자신의 견해를 피력한다.

"나는 텍스트를 읽어 가면서 다음과 같은 두 가지 느낌이 들었다. 하나는, 『황제내경』 정도로 한의학에서 차지하는 위상에 걸맞게 비견될 수 있는 텍스트는 서양의학에 존재하지 않는다는 점이다. 『황제내경』은 '기초의학'과 '임상의학'을 모두 아우르고 있는 텍스트이다. 다른 하나는, 현대의 서양의학자들은 특별한 경우가 아니면 『히포크라테스 전집』을 읽지 않는 데 반해, 『황제내경』은 예나 지금이나 '한의학의 성경'으로 읽히고 있으며 앞으로도 그럴 것이라는 점이다. 서양의학 전공자들은 이 점에 대해 매우 이해하기 힘들 것이다.[7]

이종찬 교수는, 『황제내경』이 텍스트로서 뿐만 아니라 역사적 이해를 통하여 동아시아의학 문명을 파악하는 데에 매우 중요하며, 이와 대립된 서양의학 문명과의 긴장감을 파악하는 데에도 매우 중요하다고 주장한다. 이런 점에서 『황제내경』은 한의사가 되기 위한 학습용 교과서로 간주되었던 이미지에서 벗어나야 할 필요가 있다. 곧, '텍스트 낯설어하기'(defamiliarization)야말로 『황제내경』을 읽는 데 있어서 독자가 갖추어야 할 기본적 태도이다.[8]

이러한 견해는 『황제내경』을 이해하고 한의학(漢醫學/韓醫學)을 새

---

7 Ibid..
8 Ibid..

롭게 발전시켜 나가는 데 유익할 것이라 여겨진다. 특히 2천여 년 전에 기록된 의학 서적인 『황제내경』이 단순히 '한의학(漢醫學/韓醫學)의 고전(古典)'으로서의 역할이나, '학습용 교과서'로서의 이미지를 벗고, 21세기의 현대인들에게 여전히 '치유와 건강증진을 위한 지침서'로서 활용된다는 점에서 더욱 그러하다.

이렇듯 『황제내경』이 오늘날에도 '한의학의 성경'의 모습으로 존재한다면, "과연 『황제내경』이 실제로 '성경(聖經)'과는 어떤 관련성이 있을까(?)" 하는 질문도 『황제내경』을 새롭게 이해하는 데 유익할 것이라 생각한다. 수천 년 전에 기록된 '성경(聖經)'이 오늘날에도 기독교인들이나 비기독교인들에게 여전히 엄청난 영향을 미치고 있음을 인정할 때에, "성경의 눈으로 『황제내경』 보기" 자체가 편협적 시각이라고 비판하기보다는, 『황제내경』을 새롭게 이해함으로써 또한 한의학(韓醫學/漢醫學)을 새롭게 이해하고 발전시켜 나가는 데 유익한 또 하나의 시도라고 볼 수 있을 것이다. 특히 한의학을 연구하는 기독교인의 입장에서는 더욱 의미 있는 일이라 여겨진다.

그러므로 한의학의 기초이론을 최초이자 완전하게 담고 있는 『황제내경』의 기원의 현장과 그 내용을 살펴보고 성경적 고찰을 하는 것은 한의학의 기독교적 이해에 매우 큰 의미가 있다 할 것이다.

과연 한의학은 성경과 연관성이 있는 하나님의 선물인가? 한의학은 과연 어떻게 시작되었을까? 이 비밀을 밝히기 위해서 한의학이 이루어지게 된 배경적 상황의 현장으로 우리 함께 떠나 보기로 하자!

2장

한의학 형성의 배경

1. 인간 수명의 변화

태초에 하나님께서 창조하신 세계는 아름답고 건강한 세계였다. 첫 인간인 아담과 하와는 하나님의 형상을 따라 태어나 전인적인 모습을 지니고 있었다. 영생이 그들에게 약속되었다. 그러나 범죄로 인류 역사상 첫 환자가 된 아담은 하나님의 심판에 따라 하나님과의 영원한 사귐의 동산에서 분리되었고, 그 육신도 병들고 늙어 실제로 930세를 영위하고 죽었다(창 5:5). 그의 후손들도 9대손 노아에 이르기까지 평균 900세를 살고 죽었다. 인간들은 그들의 죄 값으로 '무한'에서 '유한'의 생명으로 옮겨졌다. 즉 썩지 않을 것이 썩을 것으로, 죽지 않을 것이 죽을 것으로, 순식간에 홀연히 다 변화했다(참조: 고전 15:51-54).

그러나 유한의 생명이라 하더라도, 평균 900세의 수명은 영원불멸하시는 하나님의 관점에서는 밤의 한 경점(更點) 같고(시 90:4), 하루살이 같겠으나(벧후 3:8), 오늘날 우리들의 관점에서는 대단한 장수가 아

닐 수 없다.[9]

그 후, 인간의 수명에 또다시 큰 변화가 일어났다. 노아 시대에 인간들의 죄악이 극도에 달하게 되자(창 6:11-13), 하나님의 진노하심으로 '여호와의 신(靈)'이 인간과 함께하지 않게 되어, 인간의 수명도 평균 한계수명이 900여 세에서 계속 줄어들어 120세가 될 것임을 예고하셨다(창 6:3).[10]

---

9 손영규, 「기독교 세계관과 치유신학」(석사학위논문, 아세아연합신학연구원, 1996), p.68.

10 Ibid., p.70. 성경 창세기 6장 3절의 "그들(사람)의 날은 백이십 년이 되리라"는 말씀은 크게 두 가지로 해석된다. 하나는 하나님의 대홍수 심판이 120년 후에 있을 것으로, 하나님의 저주적 선언 이후로부터 인간의 멸망까지 인간들이 수명을 누릴 기간이 120년이 될 것을 의미한다는 견해이다. 또 다른 해석은 인간이 장수하면서도 부패한 삶을 살기 때문에 앞으로는 인간의 평균 한계수명이 120세 정도로 감소할 것에 대한 예언으로 보는 견해다. 이것은 인간의 평균 수명이 120세가 된다는 의미가 아니다. 인간들이 120세 이상 또는 그 이하의 나이로 살아가겠지만, 홍수 이전처럼 평균 900세의 수명을 누리는 것이 아니라, 홍수 이후 환경이 달라진 세상에서의 평균 한계수명은 120세로 전과 같이 장수할 수는 없다는 것이다. 양쪽 주장 모두 일리가 있다고 본다. 전자는 신학자들의 보편적인 견해로서(델리치 등), 노아의 나이가 480세 되었을 때에 홍수 심판에 대한 선고가 있었고 홍수의 심판은 그의 나이 600세 때에 일어났으므로 120년 동안 모든 인류에게 회개할 기회를 주기 위함이라는 주장이다. 그리고 홍수 이후 인간들의 수명이 계속 줄어들어 오늘날에는 평균 100세까지도 살기 어려운 점 등을 들고 있다. 또 다른 주장은, 이것은 분명히 홍수 이후 인간이 누릴 수 있는 평균 한계수명이 120세가 될 것을 예고한다는 주장이다(헨리 모리스 등).
　필자도 다음의 네 가지 이유로 후자의 주장에 동의한다. 첫째, 성경 기록상 노아 나이 480세 때에 홍수심판 선고가 주어졌다는 직접적인 언급이 어디에도 없다는 점이다. 또한 문장 구조상 창세기 5장 마지막 기록이 노아 나이 500세 된 후에 셈과 함과 야벳을 낳았다고 기록하고 있으며, 6장 1절부터 7절까지에서는 모든 인류의 부패상을 지적한다. 10절에 다시 세 명의 아들들이 태어난 것을 언급하면서, 그때에 하나님 보시기에 모든 혈육이 있는 자의 강포가 땅에 가득하여 그 끝 날이 이르렀기로 하나님께서 드디어 온 땅을 멸하시기로 결정하셨으며, 노아에게는 방주를 지을 것을 명령하셨다고 기록하고 있다. 즉 문맥상으로 볼 때 '노아의 아들들이 태어날 당시'를 정점으로 인간들의 부패상이 극에 달했음으로, 그 후에 하나님의 심판에 대한 선고가 주어졌다는 점이다. 따라서 홍수 심판의 선고와 집행 때까지의 유예기간은 100년이 된다. 100년 동안에 노아는 홍수를 대비한 모든 준비를 하였고, 인간들에게는 '의의 전파자'로서의 회개를 촉구했음(벧후 2:5)이 분명하다고 본다. 둘째, 사도행전 17장 26절 말씀에 하나님께서 "인류의 모든 족속을 한 혈통으로 만드사 온 땅에 거하게 하시고 저희의 연대를 정하시며 거주의 한계를 한하셨다"는 기록이 있다. 이것은 아담을 창조한 에덴동산에서의 상황

"여호와께서 이르시되 나의 영이 영원히 사람과 함께 하지 아니하리니 이는 그들이 육신이 됨이라 그러나 그들의 날은 백이십 년이 되리라 하시니라"(창 6:3).

"耶和華說人旣屬乎血氣, 我的靈就不永遠住在他裏面, 然而他的日子還可到一百二十年"(創世記 6:3).

하나님께서는 대홍수를 통해 인류를 지면에서 쓸어버리시고, 오직 노아의 여덟 식구만 이 지상에 남게 하셨다(창 7:21-23). '노아의 홍수'로 많은 것이 변했다. 화산활동 등에 의한 대지각 변동으로 지하의 큰 깊음의 샘들이 터져 솟아올랐으며, 하늘에서는 하늘의 창들이 열려 많은 비가 사십 주야로 땅에 쏟아져 내렸다(창 7:11-12). 산은 솟고 골은 깊어졌으며 바다가 땅을 덮었다(창 7:19; 시 103:6). 지구의 중심축도 이러한 대격변으로 기울어져 춘하추동의 사계가 뚜렷이 나타나게 되었을 것으

이 아닌, 노아의 홍수 이후의 상황을 기록하고 있다고 해석된다. 즉 노아의 홍수 이후 노아를 통하여 한 혈통을 이루어 가게 하셨고, 홍수 이후 인간의 평균 한계수명을 정하셨으며(120세), 바벨탑 사건 이후에 인간들을 온 땅에 흩으셨지만 그 언어에 따라 거주의 한계를 제한하신 것으로 볼 수 있기 때문이다. 셋째, 성경 외의 문헌적인 증거로, 오래 전부터 전해 내려오는 중국의 고서(古書)인 『연수서』(延壽書)에는, "인간은 만물의 영장으로 수명이 본래 4만 3200여 일이다"(人者物之靈世壽本四萬三千二百餘日)라고 기록하고 있는데, 이것은 곧 인간의 천명(天命)은 약 120년이라는 것이다.[참조: 허준, 『한글국역 동의보감』, 구본홍 감수(서울: 한국교육문화사, 1995), p.6.] 넷째, 현대과학의 관찰에 따르면, 오늘날 모든 생물은 완전히 성숙하는 데 필요한 기간의 6배가 그 생물의 평균 한계수명이라는 것이다. 독일 과학자 C. W. 베란트는 "척추동물에서 그 발육기의 6배가 그 평균 한계수명이다"는 설을 제창하였으며, 프랑스의 과학자 프루랑도 동물의 수명은 성숙에 소요되는 기간의 6배라는 것을 통계적으로 산출하여 보고하였는데, 예컨대 코끼리는 성숙하는 데 약 25년이 소요되므로 그 평균 한계수명이 25×6=150(년), 말은 5년으로 5×6=30(년), 낙타는 4년으로 4×6=24(년) 그리고 인간은 그 성숙기가 약 20세이므로 20×6=120(년)이 대충 그 수명의 한계가 된다는 것을 주장하고 있다.[참조: 이길상, 『성서에서 본 식생활과 건강법』, p.313.

로 추측된다(창 8:22).[11] 그러므로 대기층의 두꺼운 수증기 층이 사라져 지구의 온실효과가 사라졌으며, 그 결과 우주의 유해한 방사선과 전자파들은 지구로 충분히 여과되지 않고 쏟아지게 되었다.[12] 환경의 대변화가 초래되었던 것이다(참조: 창 7:11-24; 시 104:6-8).

이러한 지구상의 대격변은 단순히 한차례에 의한 격변이 아니라 창조 주간에도 많이 일어났고, 또한 노아의 홍수가 진행되는 동안에도 대격변이 일어났던 것으로 보인다.[13]

〈그림 1-1〉 대격변 이전의 지구[14]

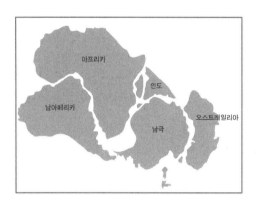

고대에는 대륙이 붙어 있었다. 지구의 대격변으로 지진대가 형성되었고 대륙은 현재와 같이 이동하게 되었다.

11 古 (옛) 고 : 땅의 축이 바로 세워져 있었을 때가 '옛날(古代)'이었다. 즉 고대(古代)란 지구의 축이 땅위에 바로 세워져 있은 때를 뜻한다. 그러나 지구상의 대격변인 대화산 활동과 지각변동으로 지구 축은 23.5도 기울어졌다. 그 결과 이 땅에는 사계절이 뚜렷하게 나타났다(창 7:11, 8:22).

   十　　+　　口　　=　　古
   땅(지구)의 축　　땅(지구)　　(옛) 고

12 헨리 모리스, 『현대과학의 성서적 기초』, 이현모 역(서울: 요단출판사, 1992), pp. 332-333.

13 양승훈, 『창조와 격변』(서울: 예영커뮤니케이션, 2006), pp. 467-542 참조.

14 Jill Bailey & Catherine Thompson, *Planet Earth*(London: Oxford University Press, 1993), p. 42.

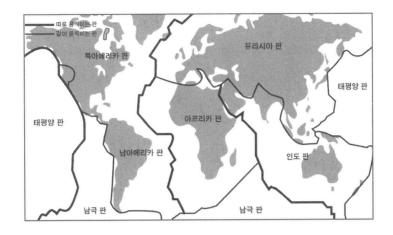

〈그림 1-2〉 대격변 이후의 지구[15]

또한 홍수 이후 식생활의 변화로 육식이 공식적으로 허용됨으로써 약육강식의 살벌한 먹이사슬이 시작되었다(창 9:1-5). 음주의 습관이 생겨났으며(창 9:20), 이에 따라 집안 식구들 사이에 반목과 저주가 나타났다(창 9:21-25). 조혼(早婚)하는 관습으로 세대 간의 격차가 홍수 이전에는 100여 세이던 것이, 홍수 이후로는 30여 세로 짧아져 조숙(早熟)·조로(早老)·조사(早死)의 양상이 나타났다(참조: 창세기 11장).

이상과 같은 여러 요인에 의해 인간 수명은 점차 단계적으로 줄어들어, 노아 950세, 셈 600세, 셀라 433세, 벨렉 239세, 아브라함 175세, 야곱 147세 그리고 마침내 모세 120세로 인간 수명은 하나님께서 선언하셨던 평균 한계수명(창 6:3)으로 점차 감소되었다.

---

15 Ibid..

인간 수명의 감소 현상은 인간들에게 크나큰 부담이 되었다. 특히 노아의 후손 셈대 이후부터 현격한 수명 감소가 일어났다. 셈은 인류의 시조인 아담에서부터 아버지 노아에 이르기까지 인간 수명에 대한 이야기를 잘 알고 있었을 것이다. 아담으로부터 셈까지는 10대에 해당하지만, 사실상 3대의 족장들이 세대 교체를 한 것에 지나지 않는다(참조: 창 5:3-32, 10:25, 10:10-16).

그러므로 인간들은 노아 시대 이후로 줄어드는 인간 수명에 대하여 깊은 우려를 갖게 되었고, 장수를 위한 건강 증진에 대하여 지대한 관심을 갖게 되었다. 그 결과 의학에 대한 연구도 자연히 활발하게 일어났다. 곳곳에서 자연을 활용하는 민간 생활의학이 발달하게 된 것이다.

〈표 1-1〉 인간 수명의 변화표

노아 홍수 이전 사람들		노아 홍수 이후 사람들	
(창세기 5장)		(창세기 11장)	
아담	930세	셈	600세
셋	912세	아르박삿	438세
에노스	905세	셀라	433세
게난	910세	에벨	464세
마할랄렐	895세	벨렉	239세
야렛	952세	르우	237세
에녹	365세 (승천)	스룩	230세
므두셀라	969세	나홀	148세
라멕	777세	데라	205세
노아	950세	아브라함	175세 (창 25:7)
		이삭	180세 (창 35:28)
		야곱	147세 (창 47:28)
		요셉	110세 (창 50:26)
		모세	120세 (창 34:7)

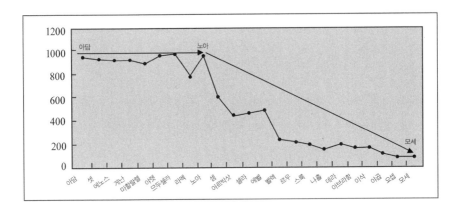

2. 인류 분산과 한민족(韓/漢民族) 동진(東進)의 증거

중국과 한반도의 선조들은 어떻게 시작되었을까? 과연 오늘날 일부 학계에서 주장하는 것처럼 북경원인(北京猿人)이나 남전원인(藍田猿人)의 후예들일까? 아니면 그들 역시 노아의 후손들일까? 만일 노아의 후손이라면 어떤 근거를 들 수 있을까? 그것은 매우 중요한 의미를 갖는다. 왜냐하면 한의학이 중국과 한반도에서 형성된 민간 생활의학으로부터 시작된 것이라면, 이것을 만든 고대 이 지역 민족의 기원과 밀접한 관계가 있기 때문이다.

중국 화하족(華夏族:漢族)과 동이족(東夷族:韓族)의 선조들이 바벨탑이 있었던 메소포타미아 근처에서 동쪽으로 계속 이동하여 중국 대륙까지 이주해 온 여러 증거가 있다. 고대 중국인들의 학문이나 그림과 예술, 또는 통치 구조를 살펴보면 후기 바벨론과 아시리아의 문명과 상

당한 유사점이 있음을 발견한다.[16]

이제 민족 이동에 대한 뚜렷한 몇 가지 증거를 구체적으로 살펴보기로 하자.

1) 중국의 신화와 전설 속에 나타난 동진의 증거

민족 이동에 대한 증거들은 중국에서 구전되어 오는 신화와 전설 속에서도 쉽게 찾아볼 수 있다. 기원전 2500년경 바벨탑 사건으로 인해 황하 유역으로 이주해 온 한족과 동이족의 선조들은 고대 조상들로부터 하나님의 천지창조와 그 후의 역사에 대해 구전으로 전해 들어왔을 것으로 생각한다. 왜냐하면 하나님께로부터 직접 지음 받은 아담은 므두셀라 때까지 살아 있었고, 므두셀라는 셈의 때까지 살아 있었으며, 셈은 바벨탑 사건 후에도 400년을 더 살았기 때문이다. 이것은 곧 아담으로부터 셈까지는 10대에 해당하지만, 사실상 3대의 족장들이 세대교체를 한 것에 지나지 않았기 때문이다(참조: 창 5:3-32,10:25,10:10-16). 이에 대한 증거로는 중국에서도 구전으로 내려오는 대홍수의 이야기가 있는데, 중국인들은 그들의 조상 중, 대홍수를 극복한 사람의 이름을 '누와'라고 기록하고 있다. 이는 '노아'와 비슷한 발음으로 분명히 노아의 대홍수 사건이 후손들에게 구전되어 온 것임을 입증하는 것이다.[17]

중국에는 미아오족(苗族)이라는 부족이 있다. 그들은 원시 시대의 것과 자기들의 기원에 대하여 전해 내려오는 말을 가지고 있고, 그것을

---

16 C. H. Kang & E. R. Nelson, 『한자에 담긴 창세기의 발견』, 이강국 역(서울: 미션하우스, 1991), pp.29-30.
17 Ibid., p.28.

매우 잘 보존하고 있다. 그 내용은 천지창조, 인류창조, 오랜 옛날의 대홍수, 자신들의 민족 기원 등, 광범위하게 걸쳐 있다. 그리고 그것은 놀라울 정도로 성경의 내용과 일치한다.[18]

미아오족에게 전수된 말은 다음과 같은 노래로 되어 있다.

"하느님은 하늘과 땅을 창조하신 날에 빛의 문을 여셨다. 하느님은 지구에 흙과 돌로 산을 만드셨다. 또 하늘에 천체, 태양, 달을 만드셨다 … 하느님은 땅 위에 티끌로 사람을 만드셨다."[19]

대홍수에 대해서도 "억수같은 비가 40일간 퍼부었다 … 물은 산과 산을 덮었다"고 말하고 있다. 그들에게는 성경이 없었고 또 유대인과 접촉한 적도 없었는데 고대부터 이러한 이야기들을 계속해서 잘 전수해 왔던 것이다.[20]

또 다른 고대 중국의 한 신화에 의하면, 여와(女媧)라는 천신(天神)이 인류를 창조했다고 전한다.

"천지가 개벽한 이래 대지에는 산과 냇물이 있게 되고 초목이 우거졌으며 새와 짐승들, 벌레와 물고기까지 생겨났지만 아직 인류만은 없

---

18 구보 아라마사, 『생명, 그 아름다운 설계』, 이종범 역(서울: CUP, 1999), p.148-149.
19 Ibid..
20 Ibid., p.149.

었다. 그리하여 세상은 여전히 황량하고 적막하였다. 이 황량하고 고요하기만 한 땅 위를 거닐던 대신(大神) 여와는 마음속으로 너무나 고독하다고 생각하며, 천지간에 뭔가를 더 만들어 넣어야 생기가 돌 것 같다고 느꼈다. 생각 끝에 여와는 몸을 굽혀 땅에서 황토를 파냈다. 그리고 그것을 물과 섞어 빚어 인형과 같은 작은 모양을 만들었다. 이것을 땅에 내려놓자 희한하게도 곧 살아 움직였다. 그러고는 꽥꽥 소리치며 즐겁게 뛰놀았는데 그가 곧 '인간'이다(참조:『說文』12, 蝸, 古之神聖女, 化萬物者也). 인간의 체구는 비록 작았으나 신이 친히 만든 것이었기 때문에 그 모습은 말할 것도 없이 신을 닮았다. 그리고 날아다니는 새나 기어 다니는 짐승들과는 달리 우주를 다스릴 만한 기개가 있어 보였다."[21]

이 중국 신화의 내용은 마치 성경의 창세기 1, 2장을 연상케 한다. 창조의 배경이 비슷하고, 창조된 인간은 신의 형상을 닮았으며 우주를 다스릴 만한 기개가 있다고 한다. '여와'란 이름도 '야훼' 혹은 '여호와'란 하나님의 이름과 유사하게 들린다.[22]

여와에 대한 기록으로『초사(楚辭)』의 천문(天問)에서, 굴원(屈原)은 "여와(女蝸)가 사람을 만들었다면, 여와는 어디에서 온 것인가?"라고 묻고 있다.『회남자(淮南子)』에서는 여와의 인간창조, 공공(共工)의 홍수 고사 등이 나와 있다. 그리고『산해경(山海經)』의 '해내서경(海內西經)'에서는 곤륜산에는 '죽지 않는 나무(不死樹)'와 '거룩한 나무(聖木)'가 있

21 원가,『중국신화전설』, 전인초 · 김선자 역(서울: 민음사, 1992), p.189 이하 참조.
22 최종태,『예언자에게 물어라』(서울: 기독교문서선교회, 1999), p.26.

다고 기록하며, '대황남경(大荒南經)'에서는 "죽지 않는 나라(不死之國)가 있는데, 그 사람들의 성(姓)은 아(阿)씨이며, 그들은 불사의 식물인 단나무(甘木)를 먹는다"고 기록하고 있다.[23]

그러므로 추정컨대, 성경에 기록된 원래의 이야기가 오랜 시간 지나면서, 또한 여러 민족 간 입에서 입으로 전해지면서 많은 부분이 왜곡되거나 변형되어 각 민족의 신화와 전설에 자리 잡은 것이 아닌가 생각한다.

사실 대홍수에 대한 이야기는 메소포타미아 지역에서부터 미주 대륙에 이르기까지 세계 전역에 걸쳐 부분적으로 다른 여러 모습으로 전해졌다. 고대 수메르의 길가메시 서판에는 고대 메소포타미아 지역의 대홍수 기록을 담고 있으며, 미국 디트로이트 지역에서 발견된 인디언 석판에는 고대 미주 지역의 대홍수 기록을 상세히 담고 있다.

---

23 김학관, 『성경의 눈으로 읽는 중국사』(서울: 예영커뮤니케이션, 2008), p.17.

성경에 나타난 노아 홍수와 세계 여러 나라의 홍수 설화들에 관해 서는 많은 공통점이 있다. 홍수에 관한 세계의 많은 전설을 연구한 커 스탄스는 그의 논문 「세계의 홍수 전설」에서 여러 가지 홍수 전설은 성 경의 기록과는 조금씩 다르지만, 다음 네 가지 점이 공통된다고 주장한 다. 첫째, 홍수의 원인을 인간의 부패와 타락, 불경스러움 등에 두었다 는 점, 둘째, 노아가 홍수에 대한 직접적인 경고를 받았던 것과 같이 어 떤 형태로든지 예고가 있었다는 점, 셋째, 몇몇 생존자들을 제외한 지 상의 모든 사람은 전멸했으며 현재의 인류는 그때 생존자들의 후예라 는 점, 넷째, 동물들이 홍수를 미리 알려 주거나 홍수가 끝난 후의 상황 을 알려 주는 역할을 하였는데 특히 새들이 많이 등장한다는 점이다.[24]

2) 토기 이동과 언어 구조적 공통성을 통한 동진의 증거

한국창조사학회는 '한민족기원대탐사'를 통하여 한민족(韓民族; 東 夷族) 조상들의 이동에 대하여 조사하였다. 노아 홍수 이후에 셈족의 일부가 시날 평지인 메소포타미아 지역에서부터 흩어지기 시작하여 아 라랏 산(현재, 터키 동쪽 산악 지대) 아래 소위 티그리스, 유프라테스 상류 지역 쪽에서부터 시작하여 코카서스와 우랄 산맥을 넘고 중앙아시아와 시베리아를 거쳐 만주벌에 이르기까지 수만 킬로미터(km)에 이르는 대 장정 끝에 한반도 일대에 비로소 정착했다는 여러 증거를 이 탐사를 통 하여 발견할 수 있게 되었다고 보고했다. 그 결과 '토기의 이동에 의한

---

24 Arthur C. Custance, "Flood Traditions of the world", *The Flood: Local or Global?*(grand Rapids, MI: Zondervan, 1979), pp.67-106. 이 내용은 『창조와 격변』, p.420에서 재 인용.

문명의 이동'[25]과 '셈족 언어의 구조적 공통성을 통한 인류의 이동'[26] 등을 통하여 민족 이동을 입증하는 많은 증거를 갖게 되었다.

〈그림 1-3〉 셈족의 이동 추정 경로[27]

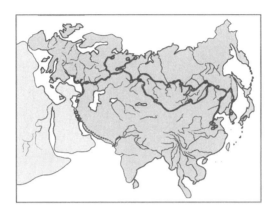

〈그림 1-4〉 야벳족의 이동 추정 경로[28]

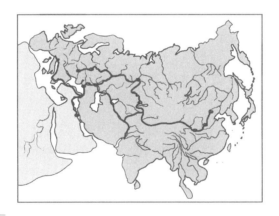

25 이벤허, "토기와 문화의 이동", 「한민족기원탐사 학계보고 및 국제 심포지엄 자료집」 (서울: 창조사학회 국민일보, 1997), pp. 47-49. 이 내용은, 양승훈, 『창조와 격변』 p.420에서 재인용.

26 김성일, "한민족기원탐사를 통하여 본 셈족의 이동 경로", 「한민족기원탐사 학계 보고 및 국제 심포지엄 자료집」(서울: 창조사학회 국민일보, 1997), pp.30-33.

27 김성일, "한민족기원탐사를 통하여 본 셈족의 이동 경로", p.36.

28 Ibid., p.37.

첫째, '토기의 이동에 의한 문명의 이동'에 관한 보고를 살펴보면, 중국의 대표적인 신석기문화는 앙소문화(仰韶文化)와 용산문화(龍山文化)다. 앙소문화가 먼저이고 용산문화가 그 다음인데, 중국에서 발굴되고 있는 토기들을 살펴보면 앙소문화 이전에 또 다른 문화가 있었음을 알수 있다. 이는 전앙소문화(前仰韶文化)로서 회색토기와 삼족기의 원형들을 나타낸다. 앙소문화 토기가 가지고 있는 특징적 모양은 붉은색 토기 상단에 검은 테를 두른 채도문화인데, 그 이전에 이미 만주와 한반도에서 환저형 토기가 나오고 있는 것이다. 중국 동부에 이 환저형 토기를 가지고 온 사람들은 바로 바이칼 호수를 건너온 고아시아족(古亞細亞族)의 한 지류로서 한반도 등지에 자리하였다는 주장이다.[29]

중국 산동성의 곡부(曲阜)는 중국 대륙의 동부 지역으로 동이족의 중심지였다. 동이족의 조상 소호족(小昊族)은 바다의 동쪽에서 왔음을 중국 고서들은 기록하고 있다.

"소호제의 이름은 지(摯)이고 제위에 오른 후 곡부에 도읍하였다."
(帝王世紀)
"동해의 밖에 큰 골짜기가 있나니 소호의 나라이니라."(山海經)

소호족은 볼가 강 상류의 카잔에서 카마 강을 타고 올라가다가 우랄산맥을 넘는 북방경로를 따라 동쪽으로 이동해 온 고아시아족의 일부였다. 이들은 유일신을 섬기는 천손(天孫)사상을 배경으로 가부장적

---

29 김성일 외, 『한민족기원대탐사』(서울: 창조사학회, 1999), pp.243-245.

부계사회를 형성하였고, 회색 토기, 환저형 토기와 삼족기 그리고 새 모양의 토기를 비롯한 동이문화를 형성하여 용산문화로 이어지는 곧, 셈족 문화를 형성했다.[30]

한편 중국 신석기문화의 대표적 유적지에 해당하는 반파(半坡) 유적지에서는 물결무늬와 물고기 문양의 채도들이 많이 발견되었다. 또한 바닥은 평편한 평저형 토기가 발굴되었다. 채도문화 지역의 사람들은 왜 토기에 물결무늬나 물고기 문양을 그려 넣었을까? 이들의 조상은 어로생활을 주로 한 것으로 보인다. 이런 채도가 발견되고 있는 곳은 터키의 바닷가에서 시작하여 카자흐스탄, 알타이, 몽골을 잇는 루트와 타시켄트에서 타클라마칸 사막과 곤륜산의 북쪽 기슭을 지나 서안(西安)에 이르는 루트에 분포되어 있다. 이 문화는 앙소문화를 형성하였으며 곧 야벳족의 문화라고 주장한다.[31]

〈그림 1-5〉 항아리 토기의 분포권[32]

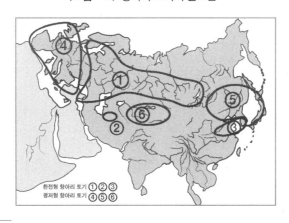

30 Ibid., pp.267-268, 277.
31 Ibid., pp.255-261.
32 이벤허, "토기와 문화의 이동", 「한민족기원탐사 학계 보고 및 국제 심포지엄 자료집」 (창조사학회 국민일보, 1997), p.49.

둘째, '셈족 언어의 구조적 공통성을 통한 인류의 이동'에 관한 보고를 살펴보면, 셈족의 언어 특징은 주어＋목적어＋동사(SOV) 형태인데, 수메르어, 터키어, 헝가리어, 핀란드어와, 고미족, 위구르족, 몽골족, 동이족이 이 형태의 언어를 사용하고 있다는 것이다. 또 한편으로는 동방으로 이동한 야벳족은 언어 특징이 주어＋동사＋목적어(SVO) 형태인데, 그 일부가 중국의 중원을 중심으로 화하족 문화를 이룩하여 오늘날 중국의 한족을 형성하게 되었으며, 또 그 일부가 한반도로 들어와 이미 이곳에 자리한 셈족과 함께 서로 융화되어 결국에는 단일 언어를 사용하는 단일 민족인 한민족으로 발전된 듯하다고 보고한다.[33]

〈그림 1-6〉 SOV 언어 사용지역[34]

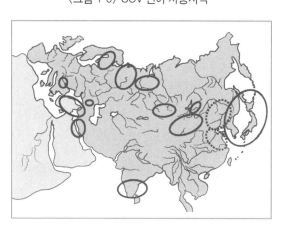

---

33 이벤허, "토기와 문화의 이동", pp.47-48.
34 Ibid., p.35.

3) 중국 고대 종교의식과 동진의 증거

중국의 고대 종교의식 속에 나타나 있는 '여호와 숭배 사상'의 혼적을 통하여 민족 이동의 증거를 또한 짐작할 수 있다. 그 자세한 것은 다음 장에서 다루도록 하겠다.

4) 성경 속에 나타난 동진의 증거

현재로부터 약 3,500년 전, 이스라엘의 지도자 모세에 의하여 기록되었다고 전해지는 성경 창세기의 기록을 보면, 여호와 하나님께서 동방의 에덴에 동산을 창설하시고 그 지으신 사람(인류의 첫 조상인 아담과 하와)을 거기에 두셨다고 기록하고 있다(참고: 창 2:8). 에덴동산에서 강이 발원하여 동산을 적시고 거기서부터 갈라져 네 근원이 되었는데, 첫째 강의 이름은 '비손'(현재 확인 안 됨)으로 하월라 땅에 둘렸고, 둘째 강은 '기혼'(현재의 나일 강)으로 구스(현재의 이집트와 수단 지역) 온 땅을 적셨고, 셋째 강 '힛데겔'(현재의 티그리스)과 넷째 강 '유브라데'(현재의 유프라테스)는 앗수르(아시리아: 현재의 이라크) 동편으로 흐른다고 기록되어 있다(참고: 창 2:10-14). 이 기록들을 보면 인류의 첫 발상지는 오늘날 이라크, 시리아, 터키 남부 및 이스라엘을 포함하는 영역의 어느 지역이었을 것으로 보인다.

성경의 기록을 따라가 보면, 인류는 교만하여 하나님께 대한 불순종의 결과로 온 피조계가 모두 타락하여 그 원래의 모습이 변질되었다고 한다. 그런 가운데 인간들은 더욱 악해지고 부패해졌다.

"여호와께서 사람의 죄악이 세상에 가득함과 그의 마음으로 생각하는 모든 계획이 항상 악할 뿐임을 보시고 땅 위에 사람 지으셨음을 한탄하사 마음에 근심하시고 이르시되 내가 창조한 사람을 내가 지면에서 쓸어버리되 사람으로부터 가축과 기는 것과 공중의 새까지 그리하리니 이는 내가 그것들을 지었음을 한탄함이니라 하시니라. 그러나 노아는 여호와께 은혜를 입었더라"(창 6:5-8).

그 결과 인류는 노아의 가족을 제외하고 모두 홍수로 멸절되었다. 인류는 하나님의 은혜로 살아남은 노아와 그의 아들들(셈, 함, 야벳)을 통하여 새롭게 형성되었다. 노아의 후손들은 '노아의 방주'가 머문 아라랏 산에서부터 남동쪽으로 이동하여 시날 평지에 높은 성을 쌓았는데 이름하여 '바벨(하늘 문)'이라 하였다(참조: 창 8-11장). 이는 인류가 또다시 하나님의 말씀을 거역하는 행위였기에 하나님께서는 인간들의 언어를 혼잡하게 하여 그 어족대로 온 지면에 흩으셨다.

"그러므로 그 이름을 바벨이라 하니 이는 여호와께서 거기서 온 땅의 언어를 혼잡하게 하셨음이니라 여호와께서 거기서 그들을 온 지면에 흩으셨더라"(창 11:9).

노아의 후손들은 셈 족속, 함 족속, 야벳 족속으로, 다시 그들 후손들이 형성한 족장들을 중심으로 그 족속과 방언과 나라대로 흩어졌다.

"노아의 아들 셈과 함과 야벳의 족보는 이러하니라. 홍수 후에 그들이 아들들을 낳았으니, 야벳의 아들은 고멜과 마곡과 마대와 야완과 두

발과 메섹과 디라스요(창 10:1-2). 이들로부터 여러 나라 백성으로 나뉘어서 각기 언어와 종족과 나라대로 바닷가의 땅에 머물렀더라(창 10:5). 함의 아들은 구스와 미스라임과 붓과 가나안이요(창 10:6). 셈의 아들은 엘람과 앗수르와 아르박삿과 룻과 아람이요(창 10:22). 이들은 그 백성들의 족보에 따르면 노아 자손의 족속들이요 홍수 후에 이들에게서 그 땅의 백성들이 나뉘었더라(창 10:32)."

이러한 민족의 이동 중에서 셈족과 야벳족 일부가 홍수 이후에 동방으로 이동했음을 알 수 있다. 셈족 중, 특히 기원전 2000년경에 살았던 아브라함에 대한 기록을 살펴볼 때 그의 후손 중에서 동방으로 이동한 기록이 명확히 나타난다.

"아브라함이 후처를 맞이하였으니 그의 이름은 그두라라. 그가 시므란과 욕산과 므단과 미디안과 이스박과 수아를 낳고 욕산은 스바와 드단을 낳았으며 드단의 자손은 앗수르 족속과 르두시 족속과 르움미 족속이며, 미디안의 아들은 에바와 에벨과 하녹과 아비다와 엘다아이니, 다 그두라의 자손이었더라. 아브라함이 이삭에게 자기의 모든 소유를 주었고 자기 서자들에게도 재산을 주어 자기 생전에 그들로 하여금 자기 아들 이삭을 떠나 동방 곧 동쪽 땅으로 가게 하였더라"(창 25:1-6).

그러므로 '노아 홍수' 이후 '바벨탑 사건'을 계기로 인간들은 오늘날 메소포타미아 지역에서부터 각기 어족 단위로 무리를 이루어 새로운 거처로 흩어지게 되었다. 즉 인류는 그 어족에 따라 사방으로 "각기 방언과 종족과 나라대로" 흩어지게 되었던 것이다(창 10:5,20,31).

노아 홍수에 따른 '인류의 이동설'은, 대홍수 후에 노아의 자손들에 의해 인류가 분산되었다는 주장이다. 이에 관한 주장으로서, 김학관 교수는 그의 저서 『성경의 눈으로 읽는 중국사』에서 주장하기를, 셈의 다섯 아들들은 중앙아시아의 민족들이 되었는데, '엘람'은 페르시아 북쪽, 티그리스 강 동쪽의 엘람에 정착(오늘날 이란)했고, '앗수르'는 아시리아 제국의 조상으로 티그리스, 유프라데스 강 유역의 바벨론 북쪽에 고대 왕국을 세웠고, '아르박삿'은 갈대아 사람의 조상으로 앗수르 북쪽 아라파키티스에 거주했고, '룻'은 터키에 위치한 리디아 사람의 조상이 되었고, '아람'은 메소포타미아 및 수리아 지역에 정착한 아람 족속의 조상이 되었다고 한다. 함의 네 아들들 중에서 '구스'는 아라비아의 조상으로 애굽 남쪽의 에디오피아에 정착했고, '미스라임'은 애굽 사람들의 조상으로 오늘날 이집트에 정착했으며, '붓'은 애굽 서쪽 지중해 연안 리비아 사람의 조상이 되었고, '가나안'은 여부스, 아모리, 기르가스, 히위, 알가, 신, 아르왓, 스말, 하맛 족속의 조상이 되었다고 한다. 야벳의 일곱 아들들 중에서, '고멜'은 러시아 평원인 우크라이나에 거주하던 키메르 족속의 조상이 되었는데 후에는 오늘날의 터키 동부로 이주했고, '마대'는 이란 북서부에 거주하던 메디아의 조상이 되었고, '마곡'은 근동 최북방의 카프카츠 지방에 정착한 스구디아 족속의 조상이 되었고, '야완'은 지중해와 에게해 연안에 정착하여 그리스 남부의 섬들이나 연안 지방에 거주하여 헬라인의 조상이 되었고, '두발'은 흑해와 카스피해 사이에 정착하였으며, '메섹'은 흑해 남서 산간지역에 정착하였고, '디라스'는 해적으로 악명 높았던 디라스의 후예들로 에게 해 연안에 정착하였다는 것이다.[35]

그러므로 세계의 민족들은 대략 기원전 24세기부터 시작하여 기원전 20세기에 이르기까지 각각 세계로 분산되어 각 민족과 문화를 형성했던 것으로 보인다. 따라서 중국을 비롯한 한민족(韓民族)의 조상들도 노아의 자손들의 이동으로 말미암아 형성된 것으로 보인다.

성경에 의하면 오늘날 지구상에 살고 있는 인류는 대홍수가 끝난 후, 아라랏 산에 멈춘 방주에서 나온 노아의 아들들인, 셈과 함과 야벳으로부터 시작되었다고 기록한다(참조: 창 10장). 즉, 노아의 후손들은, 셈은 다섯 아들을 낳았고, 함은 네 아들을 낳았으며, 야벳은 일곱 아들을 낳았는데, 거기서 많은 자손들이 태어나서 오늘날의 인류를 이루게 되었다고 한다.

하나님의 말씀인 '성경'이 '인류 최고의 역사 교과서'라는 창조사관(創造史觀)에 입각하여, 1997년 6월 23일 '한민족기원대탐사'를 위해 7명의 대원들이 대장정에 들어갔다. 이들은 1, 2차 65일간의 탐사를 마치고 중요한 결과들을 보고하였다. 대표집필 작가 김성일 씨의 보고에 의하면, 다음과 같다.

---

35 김학관, 『성경의 눈으로 읽는 중국사』, pp.28-29.

"셈의 일부는 아라랏 산을 넘어 북상하였고, 야벳의 고멜·마곡·마대·두발·메섹 등 다섯 족속이 셈을 따라 북상했다. 일단 러시아 평원에 정착한 이들 중 고멜은 서쪽으로 이동했고, 마곡·두발·메섹은 그 자리에 남았으며, 셈과 마대 및 야벳의 일부 족속은 우랄 산맥을 넘어 동쪽을 향해 이동하기 시작했다. 우랄 산맥을 넘어 중앙아시아를 통과하던 중 일부는 알타이 산맥 남쪽 경로로 이동하고, 야벳의 일부인 아리안족은 인도 북부로 들어가 드라비다족을 제압하였으며, 나머지 주류는 시베리아를 거쳐 바이칼 호수를 지나 만주의 하얼빈, 즉 아사달 지역에 도착하였다. 이들 중 야벳의 자손을 중심으로 한 일부가 서쪽으로 들어가 황하 상류의 지역으로 들어갔고(화하족), 셈의 일부는 중국 대륙의 동부 지역으로 이동했으며(동이족), 다른 일부는 베링 해협을 건너 아메리카 대륙으로 이동하였다(아메리카 인디언)."[36]

따라서 이러한 대홍수 이후 인류의 이동으로 말미암아 민족의 문화가 형성되었는데, 아라랏 산에서 극동 지역까지의 문화 분포는 셈의 수메르와 앗수르에서 시작하여, 북유럽과 러시아, 중앙아시아, 시베리아, 몽고, 만주와 한반도, 중국 동북부에 이르는 하나님 신앙의 회색토기 문화권과 가나안, 바벨론에서 시작하여 인도 남부, 인도지나, 중국 서남부에 이르는 다신교 경향의 채색토기 문화권으로 크게 나누어졌다는

---

36 고대에 민족들이 서쪽에서부터 동쪽으로 이동해 왔다는 '동진의 증거'는 비단 아시아 대륙에 국한된 것만은 아니다. 북미와 남미에 광범위하게 걸쳐 살았던 아메리칸 인디언들에 대해서도 살펴보건대 그들이 북미와 남미에 자생적으로 유인원에서 인간으로 진화된 조상들에 의해 형성된 것이 아니라는 뚜렷한 증거를 가지고 있다. 즉 아메리칸 인디언들의 첫 조상들은 서쪽 시베리아 지역에서 베링 해협을 건너 미주 대륙으로 동진해 온 자들임을 인정하고 있는 것이다.

것이다.[37]

　김성일 씨의 주장을 살펴볼 때 기원전 2500년경 이후 동방으로 이동해 온 사람들 중에서 야벳족의 일부는 황하 유역에 정착하여 화하족으로 한족의 조상이 되었으며, 셈족의 일부는 황하 하류 및 산동 지역과 남만주(南滿洲) 일대와 한반도까지 이르렀던 동이족으로 한민족(韓民族)의 조상이 되었다고 본다. 왜냐하면 중국 고대 기록에도 화하족과 동이족의 발생 기원이 대략 기원전 2500년 내지 2000년경으로 되어 있기 때문이다. 놀랍게도 이 시기는 창세기 11장에 기록된 바벨탑 사건이 있었던 때와 거의 일치한다. 성경에 나오는 인물의 족보를 추적해 보면, 바벨탑 사건은 기원전 약 2500년 내지 2200년경에 일어났던 것임을 알 수 있다.[38]

　그러므로 중국과 한민족의 기원은 결코 북경원인이나 남전원인이 아니며, '노아의 후손들'이 동방으로 이동해 온 부족들임이 분명하다.

　오늘날 인류의 기원과 이동에 관한 연구 중에서 내셔널지오그래픽(National Geographic)사(社)의 연구보고에 의하면, 오늘날 인류의 유전자를 분류해 볼 때에 아프리카에서부터 인류가 전 세계로 분산되었을 것이라고 한다.[39] 그러므로 오늘날의 중국과 한반도의 선조들은 고대 인류가 극동아시아로 동진해 온 것을 의미한다고 볼 수 있다.

---

37 김성일 외, 『한민족기원대탐사』, p.160.
38 C. H. Kang & E. R. Nelson, 『한자에 담긴 창세기의 발견』, p.29.
39 HUMAN MIGRATION MAP(NATIONALGEOGRAPHIC. COM/GENOGRAPHIC)

〈그림 1-7〉 각 민족의 이동 경로[40]

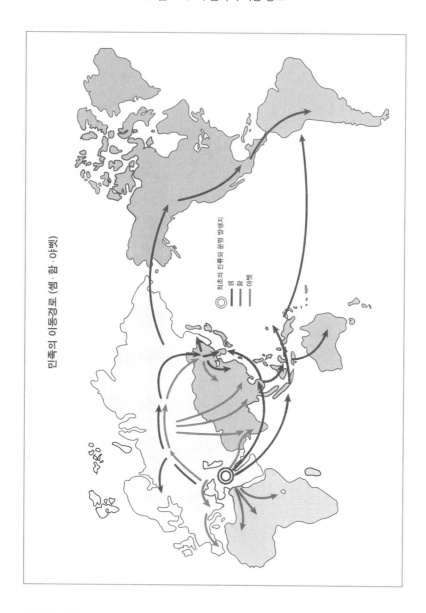

---

40 김성일 외, 『한민족기원대탐사』, pp. 322-323.

3. 중국 고대 종교의식과 여호와 숭배 사상

이제 성경의 기록대로 고대 민족들이 대이동을 하였다는 것을 인정한다면, '과연 고대 민족들의 조상들은 여호와 하나님에 대한 기억도 함께 가지고 있었을까?' 하는 물음을 갖게 된다.

공자, 노자 그리고 석가의 가르침이 있기 시작한 것은 대략 기원전 6세기경이다. 우리는 그 이전 시대의 종교에 대하여 자세히 알 수는 없지만 전해 내려오는 기록을 통하여 고대 종교의식 속에 나타난 신관(神觀)을 짐작할 수 있다.

중국 대륙에 인류가 출현한 이래로 이곳에 정착한 사람들은 '하늘의 최고 통치자'로 '상제(上帝)'를 신봉했으며, 이는 때때로 '하늘'을 의미하는 '천(天)'이나 '영(靈)'을 뜻하는 '신(神)'으로 지칭되기도 하였다. 즉 우리는 중국의 고대 민족에게서 미신이나 우상숭배보다는 유일하신 하나님을 믿었던 증거들을 찾아볼 수 있다. 당시의 고대 중국인들은 '하나님'을 '하늘 위(上)'에 계신 통치자(帝)'라고 불렀다. 그 밖에는 다른 어떤

형태의 신화나 우상도 없었다.[41]

$$上 \quad + \quad 帝 \quad = \quad 上帝$$

하늘 위   임금   하늘에 계신 통치자(하나님)

하늘의 최고 통치자인 상제를 섬겼던 고대의 기록이 기원전 500년 경에 공자가 편찬한 『서경(書經)』에서 발견되었는데, 기원전 약 2200 여 년 순(舜) 왕조에 대한 기록이 가장 오래된 것이다. 순(舜) 황제가 상 제에게 희생제물을 드렸다고 기록[42]되어 있으며, 이런 의식은 국경제사 (國境祭祀)로 일컬어졌다. 그 이유는 하지 날에 황제는 국경의 가장 북 쪽에 가서 제사를 드렸고, 동지 날에는 국경의 가장 남쪽에서 제사를 드렸기 때문이다. 공자는 『중용(中庸)』에서, "하늘과 땅에 제물을 드리 는 의식은 인간이 상제를 섬기기 위한 것이다"고 기록하고 있다.[43]

여기서 중요한 것은 '이들이 섬겼던 상제(上帝)는 과연 성경의 기록 대로 천지만물과 인간을 창조하신 하나님과 동일한 분이셨는가(?)' 하 는 것이다.

이 물음에 대해서 첸 카이 통(Chan Kei Thong)은 그의 저서 『고대 중 국 속의 하나님』[44]을 통하여 "고대 중국을 창건한 종족은 하나님을 올바

---

41 C. H. Kang & E. R. Nelson, 『한자에 담긴 창세기의 발견』, p.28.
42 李相玉 譯解, 『四書五經 제5권(書經)』(서울: 한국교육출판공사, 1985), pp.40-42.
43 C. H. Kang & E. R. Nelson, 『한자에 담긴 창세기의 발견』, p.37.
44 첸 카이 통(Chan Kei Thong), 『고대 중국 속의 하나님』, 오진탁 · 윤아름 역(서울: 순

르게 예배하길 소원했던 하나님을 경외한 종족이었다고 믿는다."[45]고 주장했다.

그는 이를 증명하기 위하여 다음 일곱 가지 증거를 제시하였다.

(1) 고대 중국 인물들의 생성은 성경에 묘사된 인류 역사의 최초 사건들에 대한 지식을 갖추고 있었다는 것을 시사해 준다. (2) 역사책에 기록된 대로 고대 중국인들이 숭배한 절대자(上帝)는 성경에 계시된 '하나님'에 상응한다. (3) 황제(皇帝)가 천단(天壇)에서 거행한 '제단 희생 제사(祭天)'는 중국의 종교 풍습 가운데 가장 오래된 것이다. 거의 4천 년 이상 계속된 이 희생 제사 제도는 성경에서 가르치고 있는 희생 제사와 아주 놀랍고도 의미 있는 병행 이야기를 보여 준다. (4) 16-19세기에 걸친 존경받는 저명한 학자들도 고대 중국인들이 성경에 나오는 하나님과 놀라우리만치 닮은 신을 경배했다는 견해를 지지한다. 이 학자들은 그 당시 지성계의 거두(巨頭)들이었으며, 지금은 일부가 없어진 중국의 고전 문헌을 잘 알고 있던 사람들이었다. 오늘날에도 이 사람들은 그들의 지성과 그들의 학문적 성과 및 그들의 도덕적 미덕에 있어 최고의 권위를 인정받고 있다. (5) 도덕적 진리, 특히 사회 안에서의 인간의 책임 완수와 신에 대한 인간의 관계에 대한 접근법에 있어 히브리인들과 중국인들 간에는 놀라운 유사성이 있다. 하나님이 모든 진리의 원천이기 때문에 고대 중국인들은 신에 대한 보편

출판사, 2009).
45 Ibid., p.19.

적인 진리에 긍정적이고 적극적인 방법으로 반응했다고 주장할 수 있다. (6) 중국이 이스라엘과 같은 의미에서 '선민(選民)'이라는 것은 아니지만 고대 중국의 통치자들은 백성을 경건하게 통치하는 방법을 알고 채택하고 있었다. 그들은 자신들을, 백성을 섬김으로 하늘을 섬기는 자들로 생각하고 있었다. 자신들이 감당해야 할 최고의 책임이 공의로운 절대자에 대한 것임을 알고 있었기 때문에 그들은 경건과 겸손으로 나라를 다스려야 하는 의무감을 느끼고 있었다. (7) 중국 역사 기록은 성경에서 말하고 있는 별(星)과 관련한 몇 가지 중요한 사건들을 확증해 준다. 이 같은 상호 확증은 히브리 성경과 중국 역사 기록의 증거가 신뢰할 수 있는 것임을 말해 준다. 더욱이 중국 역사 기록은 이런 우주적 사건에 대한 단순한 연대기가 아니다. 거기에는 인류가 하나님을 더 깊이 이해하도록 하기 위한 성경의 기록 의도와 놀랍게 일치하는 해석들이 포함되어 있다.[46]

첸 카이 통(Chan Kei Thong)은 고대로부터 중국인들이 섬겨 오던 '상제(上帝)'가 '여호와 하나님'이심을 증명하는 데 있어 그 근거를 모든 이름 위에 뛰어난 '상제(上帝)'라는 칭호와 그분께로 올리는 위대한 제사인 '제천(祭天)'에서 찾았다. 모든 이름 위에 뛰어난 이름, '상제(上帝)'[47]는 가장 높고, 가장 영광스러운 존재로서 하늘의 주권자라는 의미다.[48]

46 Ibid., pp.20-22.
47 Ibid., p.105.
48 Ibid., pp.106-107.

그러므로 중국인들이 상제(하늘)를 모시기 위해 어떤 형태의 건물이나 건축물도 짓지 않았다는 점은, 상제는 결코 인간에 의해 지어진 건물이나 건축물에 거하지 않으시는, 무한하시고 무소부재하신 분임을 암시하고 있는 것이다.[49]

고대 이스라엘 나라 국왕이었던 솔로몬왕은 성전을 건축하고 하늘의 하나님(상제)께 이렇게 기도를 올렸다.

> "하나님이 참으로 사람과 함께 땅에 계시리이까 보소서 하늘과 하늘들의 하늘이라도 주를 용납하지 못하겠거든 하물며 내가 건축한 이 성전이오리이까"(대하 6:18).

중국의 역사 기록을 살펴볼 때, 선사 시대로부터 중국의 마지막 왕조에 이르기까지 수천 년 동안 하늘 상제(上帝)에 대한 예배는 계속 이어져 왔다. 이 과정에서 왕이나 왕조의 통치 이념에 따라 타락하거나 포악한 황제는 교제(郊祭)를 드리는 일에도 소홀하였으며, 그러한 과정 때문에 제사에 대해서도 많은 변화가 있어 왔다.[50]

교제의식(郊祭儀式)에 대한 원래의 종교적 관습의 부흥은 1368년 명왕조(明王朝)가 시작될 때 일어났다. 황제는 교사(郊祀)와 관계한 가장 오래된 제의(祭儀)와 관습을 조사하게 했는데, 그 결과 거짓된 신들에 대한 제사들을 폐지하고 중국의 종교 의식 중 가장 신성한 상제의 탁월

---

49 Ibid., p.143.
50 첸 카이 통(Chan Kei Thong), 『고대 중국 속의 하나님』, p.146.

함을 다시 회복하게 되었다.[51] 이렇게 하여 편찬한 것이 『대명회전(大明會典)』[52]이다.

중국의 황제는 일 년에 세 차례, 봄, 여름 그리고 겨울에 제사를 드렸는데, 이러한 제사들 중에 가장 중요한 제사는 겨울 동지(冬至)에 드리는 '교제'(郊祭), 혹은 '하늘에 드리는 제사라는 의미의 '제천'(祭天)이었다. 이 제사는 오직 황제만이 드렸는데, 황제는 하늘(上帝)로부터 위임받은 자, 즉 황제직에 대한 신성한 임명이 있었던 자로 받아들여졌다.[53]

제천(祭天)은 황제가 하늘에 드리는 제사의식을 말하는데, 특히 변방에서 드리는 제사를 교제(郊祭)라고 했다. 한서(漢書)[54]는 이 의식의 심오한 중요성을 강조했다.[55]

---

51 첸 카이 통(Chan Kei Thong), 『고대 중국 속의 하나님』, p.147 재인용; James Legge, The Nations of the Chinese Concerning God and Spirits(Hong Kong: Hong Kong Register Office, 1852; reprint Taipei: Ch'ng Wen Publishing Company, 1971), pp.43-45.

52 『대명회전(大明會典)』은 중국 명(明)나라의 행정 법전이다. 명나라 효종(孝宗) 홍치(弘治: 1488-1505) 연간에 서부(徐溥) 등이 칙명을 받아 편찬하여, 무종(武宗) 5년(1510)에 수정을 거쳐 반포된 종합 행정 법전이다. 이 책은 명나라 초기부터 사용해 오던 모든 행정 법규를 이부(吏部)·예부(禮部)·병부(兵部)·공부(工部)·호부(戶部)·형부(刑部)의 관제로 집대성한 것으로 모두 180권이다(출처: [네이버 지식백과] 대명회전[大明會典](한국고전용어사전, 2001.3.30, 세종대왕기념사업회)). 또한 이 책은 문직(文職)·무직(武職)의 각 관청마다 직장(職掌)을 12종의 전거(典據)를 나타내어 상술(詳述)하고 있는데, 1587년(만력15) 신시행(申時行) 등이 개수하여 《중수대명회전(重修大明會典)》 228권, 수(首) 2권으로 간행하였다. 이것을 속칭 《만력회전(萬曆會典)이라 한다(출처: [네이버 지식백과] 대명회전[大明會典](두산백과)). 여기서 참고한 것은 명(明) 황제 만력(萬曆, AD 1573-1620) 때 출간된 목조본이다. 첸 카이 통(Chan Kei Thong)의 『고대 중국 속의 하나님』, p.147에서 재인용했음.

53 첸 카이 통(Chan Kei Thong), 『고대 중국 속의 하나님』, p.147.

54 BC 1100년경에 만들어진 중국의 공식적인 왕조 역사서 26권 중의 하나이다.

55 첸 카이 통(Chan Kei Thong), 『고대 중국 속의 하나님』, pp.145-146.

위대한 역사가 사마천(司馬遷)은 사기(史記)에서 이러한 제사들은 산동성 태산(泰山)에서 많은 중국 고대 통치자들[56]이 행한 것이라고 기록하고 있으며, 왜 이 제사를 교사(郊祀)라고 불렀는지를 설명한다.[57]

"옛날에 하(夏) 왕조의 천자(天子)가 변방에서 친히 공손하게 상제에게 제사를 드렸는데, 이것이 바로 이 제사를 교사(郊祀)라고 부르는 이유이다."[58]

古者天子夏躬親禮祀上帝于郊, 故曰郊.[59]

〈그림 1-8〉 태산[60]

---

56 이 통치자들에는 다음의 황제들이 포함되어 있다. 무치씨(無懷氏), 복희(伏羲), 신농(神農), 염제(炎帝), 황제(黃帝)(BC 2697-2599), 전욱(顓頊)(BC 2514-2437), 요제(堯帝)(BC 2357-2258.), 순제(舜帝)(BC 2257-2208), 하왕조의 우(夏禹)(BC 2207-2198), 상왕조의 탕(商湯)(BC 1766-1754), 주왕조의 성(周成王)(BC 1115-1079). 《사기(史記) - 권이십팔(卷二十八) · 서육(書六) · 봉선서(封禪書)》에서는 태산에서 드려졌던 제사를 봉선(封禪)이라고 불렀다. 이 내용은 첸 카이 통(Chan Kei Thong), 『고대 중국 속의 하나님』, p.146에서 재인용했음.
57 첸 카이 통(Chan Kei Thong), 『고대 중국 속의 하나님』, p.146.
58 《사기(史記) - 권십(卷十) 본기십(本紀十) 효문본기(孝文本紀)》 28권 책6, 봉선 《사기(史記) 권이십팔(卷二十八) 기육(記六) 봉선서(封禪書)》. 이 내용은 첸 카이 통(Chan Kei Thong), 『고대 중국 속의 하나님』, p.146.에서 재인용했음.
59 Ibid..
60 중국 산동성에 위치한 태산. 중국의 역대 황제들이 이 산에서 상제께 제사를 드렸다. 산 정상은 해발 1,545m이다.

〈그림 1-9〉 천단의 기년전[61]

　　하늘 상제(上帝)에게 드리는 제사의식은 아홉 단계로 이루어졌는데, 첫 번째 단계는 상제를 환영하는 의식인 영제신(迎帝神)이다. 향을 피우면 상제를 환영하는 의식이 시작되는데, 연주자들은 첫 번째 노래로 상제의 창조능력에 대한 고대 가사를 담은 '중화지곡(中和之曲)'을 연주하였다.[62]

　　"지극히 오래 전 태고(太古)에, 공허하고 흑암의 큰 혼돈이 있었사옵니다. 다섯 행성(行星)은 아직 운행되지 않았고, 해와 달도 빛을 발하지 않았으며, 그 가운데는 어떤 형상이나 소리도 없었습니다. 거룩하신 통치자께서 나타나시어 먼저 깨끗한 것과 더러운 것을 분리하셨습니다. 주께서 하늘과 땅을 만드시고, 그리고 사람을 지으셨습니다. 당신께서 모든 만물을 지으셨습니다."[63]

---

61 중국 북경의 천단공원(天壇公園) 내에 있는 기년전(祈年殿). 이곳에서 황제(皇帝)가 상제(上帝)께 제사를 드렸다.

62 Ibid., p.162.

63 『대명회전(大明會典)』, 82권 28쪽, 이 내용은 첸 카이 통(Chan Kei Thong), 『고대 중국 속의 하나님』,Ibid., p.163에서 재인용했음.

于昔洪荒之初兮, 混蒙, 五行未運兮, 兩曜未明, 其中挺立兮, 有無容聲,

神皇出御兮, 始判濁淸, 立天立地人兮, 群物生生.[64]

이 기록은 성경의 창세기 1장과 아주 유사하게 창조주 하나님께 대한 찬양을 담고 있음을 볼 수 있다.

"태초에 하나님(上帝)이 천지를 창조하시니라. 땅이 혼돈하고 공허하며 흑암이 깊음 위에 있고 하나님의 영은 수면 위에 운행하시니라. 하나님이 이르시되 빛이 있으라 하시매 빛이 있었고(창 1:1-3), … 하나님이 궁창을 하늘이라 부르시니라(창 1:8) … 하나님이 물을 땅이라 부르시고 모인 물을 바다라 부르시니(창 1:10) … 하나님이 이르시되 땅은 풀과 씨 맺는 채소와 각기 종류대로 씨 가진 열매 맺는 나무를 내라 하시니 그대로 되어(창 1:11) … 하나님이 큰 바다 짐승들과 물에서 번성하여 움직이는 모든 생물을 그 종류대로, 날개 있는 모든 새를 그 종류대로 창조하시니(창 1:21) … 하나님이 땅의 짐승을 그 종류대로, 가축을 그 종류대로, 땅에 기는 모든 것을 그 종류대로 만드시니(창 1:25) … 하나님이 자기 형상 곧 하나님의 형상대로 사람을 창조하시되 남자와 여자를 창조하시고 … (창 1:27)."

제사의식은 계속하여 이어져서 다음 단계로 넘어가는데, 일곱 번째 단계는 제물을 물리는 단계인 철찬(撤饌)으로서, 이때는 빛나는 평화의

---

[64] Ibid..

노래인 '감화지곡(紺和之曲)'을 연주하였다.[65]

> "우리가 드리는 음악은 끝이 났으나, 부족한 우리의 마음은 다 표현하지 못하였나이다. 그러나 당신의 선하심은 끝이 없나이다. 당신은 토기장이같이 모든 생물을 만드셨나이다. 크고 작은 모든 것이 당신의 사랑 안에서 보호받나이다. 당신의 부족한 종의 마음에 새겨진 것은 오직 당신의 선하심뿐이며, 저의 마음을 충분히 표현할 길이 없나이다. 우리의 허물에도 불구하고 당신의 사랑으로 우리를 용납하여 주시고, 우리에게 생명과 번영을 허락하옵소서!"[66]

> 太奏既成, 微誠莫傾, 皇德無京, 陶比群生, 巨細饋餠, 刻小臣之感夷兮, 罔罄愚情, 實弘涵而容納兮, 賜曲生成.[67]

이 기도 송은 성경의 이사야서에 기록된 표현과 아주 비슷함을 볼 수 있다.

> "그러나 여호와여, 이제 주는 우리 아버지시니이다 우리는 진흙이요 주는 토기장이시니 우리는 다 주의 손으로 지으신 것이니이다 여호와여, 너무 분노하지 마시오며 죄악을 영원히 기억하지 마시옵소서 구하오니 보시옵소서 보시옵소서 우리는 다 주의 백성이니이다"

---

65 첸 카이 통(Chan Kei Thong), 『고대 중국 속의 하나님』, Ibid., p.176.
66 『대명회전(大明會典)』, 82권 30쪽. 이 내용은 첸 카이 통(Chan Kei Thong), 『고대 중국 속의 하나님』, Ibid., pp.176-177에서 재인용했음.
67 Ibid..

(사 64: 8-9).

또한 고대 중국민족의 '상제숭배(上帝崇拜)'에 대하여, C. H. 캉과 E. R. 넬슨은 그들의 저서인 『한자에 담긴 창세기의 발견』에서 다음과 같이 기술한다.

"조상 숭배에 대한 관습은 황제(皇帝)가 대제사장으로서 하늘에 계신 최고의 통치자이신 상제(上帝)께 제물을 드렸던 것을 모방한 데서 비롯한 듯싶다. 성경에서도 아담과 하와를 따라 가인과 아벨도 하나님께 제물을 드렸던 기록이 있듯이 원래 제사는 하나님께만 드리는 것이었다. 중국인들의 의식 속에서 하나님과 인간 사이에 중재자 개념이 생기게 되었는데, 대제사장으로 상제(上帝)께 제사를 드렸던 최초의 황제가 죽게 되면, 그의 영혼은 중재자 역할을 한다고 믿게 되었다. 초기의 황제들은 후대에도 영웅시되었으며 마침내는 가족의 족장들도 숭배의 대상이 되었는데, 조상들은 신적(神的)인 존재는 아니었지만, 현재와 미래에 안녕과 축복을 가져다주는 영적(靈的) 중재자로 간주되었다."[68]

이런 점에서 볼 때, 전통적인 유교 사회에서 특히 강조되는 조상숭배 의식은 사실 공자 때보다 훨씬 전에 생겨났다.

---

68 C. H. Kang & E. R. Nelson, 『한자에 담긴 창세기의 발견』, pp.39-40.

이상에서 살펴보았듯이, 원래 중국의 조상들은 유일한 창조주 하나님이신 상제(上帝)를 섬겼고, 나라의 임금은 대제사장으로서 상제께 희생 제물을 드렸으며, 생시에 훌륭했던 조상들은 죽어서도 후손들에게 상제의 축복이 임하도록 하는 중재의 역할을 한다고 생각하기도 했다. 그러나 도교와 불교가 소개됨에 따라 유일하신 창조주 하나님이신 상제를 섬겼던 원래의 의식은 변질되었다. 더욱이 고대의 많은 기록들이 불살라졌기 때문에, 원래의 모습을 되찾기가 어려웠고, 시간이 지남에 따라 더욱 변질되고 혼탁해졌다.

그렇다고 하더라도 중국의 '황제사상(皇帝思想)'은 그대로 중국인들의 의식 속에 전수되어 오늘날까지 내려왔다.

중국인들의 이러한 의식에 대하여 데니스 레인은 다음과 같이 주장한다.

"중국의 통치자(皇帝)는 그 나라와 우주와 그 밖의 모든 것과의 조화를 이루게 하는 책임을 가지고 있었다. 그러므로 통치자의 노력이 성공하면 그 시대는 자연재해와 정치적인 수단으로부터 보호받고 백성들은 평화 가운데서 살 수 있었다. 그러므로 백성의 삶에 중요한 날들-예를 들면 파종일, 결혼일 등-은 황제가 정하는 것이었다. 모든 백성은 그 날들을 반드시 지켜야만 했다. 그렇지 않은 경우 우주의 조화를 깨뜨려 나라에 재난을 가져오며, 또한 그 책임을 묻게 되었다. 그리고 국가적인 흉년이나 재난이 크게 일어나면 황제가 책임을 감당해야 했다.

이런 이유로 중국에서 행해지는 제사 가운데 가장 중요한 것은 황제가 직접 드리는 것이었다. 이와 같은 제도의 결과로 국가가 정치적으로 어려운 상황에 처하거나 자연재해가 닥칠 때, 백성들은 과연 "황제(皇帝)가 이 '하늘(天:上帝)'과의 관계에서 무슨 문제가 있는 것이 아닌가?" 하는 의문을 갖는 것을 당연시하게 된다. 만일 이러한 어려운 상황이 계속되면 백성들은 황제가 하늘로부터 버림받은 것이라고 단정하게 되고, 그를 황제의 자리에서 밀어내어도 좋다고 생각한다. 그러므로 하늘로부터 버림받은 통치자(皇帝)가 다시 그 힘을 빌리기는 어려운 일이다. 즉, 일단 통치자의 자리에서 밀려난 자가 다시금 그 자리를 되찾는 일은 중국에서는 매우 어려운 일이다.[69]

기독교인으로서 중국 역사상 큰 영향을 끼친 인물로서는 이탈리아 사람이자 예수회(Societas Jesu) 신부 출신인 마테오 리치(Matte Ricci, 利瑪竇: 1552-1610)가 있다. 그는 고대 중국인들이 섬겨온 '상제'(上帝)가 '성경의 하나님'(天主)과 동일하다고 주장했다.

"내가 살던 나라에서 '하늘의 주'(天主)라고 불리는 분이 중국에서는 상제라고 불리는 분이다."[70]

---

69 데니스 레인, "개인의 자유가 보장되는 전체주의 왕국", 『빛과 소금』, 1996년 10월호.

70 Michael Billington, "Matteo Ricci, the Grand Design, and the Disaster of the 'Rites Contrversy.'" Executive Intelligence Review Vol.28, Issue 43,(201), http://www. larouchepub.com/other/2001/2843m_ricci.html, p.125 재인용. 이 내용을 첸 카이 통(Chan Kei Thong), 『고대 중국 속의 하나님』, p.258에서 재인용했음.

吾天主, 卽華言上帝.[71]

　　개신교 선교사로서 중국인들을 사랑했고, 중국 고전들을 연구하여 영어로 번역하고 가르치는 데 일생을 바친 사람으로서는 스코틀랜드 출신인 제임스 레게(James Legge, 理雅各: AD 1815-1897)가 있다. 그는 연구 논문인 「하나님과 영들에 관한 중국인들의 이해」(The Notions of Chinese Concerning God and Spirits)[72]에서 "중국인들은 참되신 하나님을 알고 있는가?"라는 질문에 대하여, 중국의 고전과 역사에 대한 심오한 이해를 가졌던 마테오 리치처럼, 그는 '성경의 하나님'이 고대 중국인들이 섬겨온 '상제(上帝)'와 동일하다고 주장했다.[73]

　　이러한 맥락에서 1800년대 중반에, 선교사들에 의하여 성경이 처음으로 한자(漢字)로 번역되었는데, 이들은 "성경에 기록되어 있는 '하나님'을 어떻게 번역해야 할 것인가?"에 대하여 고심하게 되었다. 많은 연구 조사 끝에, 이 선교사들은 중국의 고대 조상들도 성경에 기록된 창조주 하나님과 동일한 신(神)을 섬겼던 것을 알게 되었다. 따라서 선교사들은 '하나님'을 '상제(上帝)'로 번역하는 데 주저하지 않았다.[74]

　　중국의 종교를 깊이 연구한 C. H. 캉과 E. R. 넬슨은 다음과 같이

---

71 Ibid..

72 James Legge, The Notions of the Chinese Concerning God and Spirits(Hong Kong Register Office, 1852); reprint Taipai: Ch'eng Wen Publishing Company, 1971.

73 첸 카이 통(Chan Kei Thong), 『고대 중국 속의 하나님』, pp.266-267.

74 C. H. Kang & E. R. Nelson, 『한자에 담긴 창세기의 발견』, p.43.

말하기도 했다.

"지나온 중국 역사의 5천여 년 동안 중국인들은 상제의 형상을 조각
한 일이 있었는가? 그렇지 않다. 상제는 그 자체로서 존재한다. 상제
는 땅과 하늘이 조성되기 전부터 존재하였다. 그분은 우주 만물을 만
드시고 다스리는 분이시며, 연대가 끝이 없으신 분이시다."[75]

중국은 하나님(상제)에 대한 표현이 일관된다는 점에서 다른 어떤
비기독교 국가들과는 현저히 다르다. 게다가 역사적으로 지금까지 그
어떤 신도 하나님과 '필적하거나 동등한 신'으로 여겨진 적이 없다.

그러므로 우리는 여호와 하나님에 대한 숭배 사상이 분명히 존재해
온 것을 알 수 있다. 그것은 앞에서도 언급했다시피 노아 홍수 이후 세
계 각처로 흩어진 사람들에게 그들의 조상으로부터 전해 내려온 신(神:
여호와 하나님)에 대한 기억이 있었기 때문이다. 아울러 하나님께서는
당신께서 창조하신 자연 등을 통해 당신의 존재를 인간들이 깨달을 수
있게 해 두셨기 때문이기도 하다.

기원전 1000년에서 850년대의 이스라엘 역사를 살펴보거나, 공자
나 석가와 동시대에 해당하는 시기에 기록된 것으로 알려진 열왕기상
에 기록된 말씀이나, 또는 시편의 말씀이나, 기원후 1세기 중엽에 기록

---

75 Ibid..

된 것으로 알려진 로마서와 사도행전의 말씀에도 여호와 하나님의 존재를 아는 지식을 분명히 언급하고 있다.

"하늘이 하나님의 영광을 선포하고 궁창이 그의 손으로 하신 일을 나타내는도다 날은 날에게 말하고 밤은 밤에게 지식을 전하니 언어도 없고 말씀도 없으며 들리는 소리도 없으나 그의 소리가 온 땅에 통하고 그의 말씀이 세상 끝까지 이르도다 하나님이 해를 위하여 하늘에 장막을 베푸셨도다"(시 19:1-4).

"그러므로 믿음은 들음에서 나며 들음은 그리스도의 말씀으로 말미암았느니라 그러나 내가 말하노니 그들이 듣지 아니하였느냐 그렇지 아니하니 그 소리가 온 땅에 퍼졌고 그 말씀이 땅 끝까지 이르렀도다 하였느니라"(롬 10:17-18).

"우주와 그 가운데 있는 만물을 지으신 하나님께서는 천지의 주재시니 손으로 지은 전에 계시지 아니하시고 또 무엇이 부족한 것처럼 사람의 손으로 섬김을 받으시는 것이 아니니 이는 만민에게 생명과 호흡과 만물을 친히 주시는 이심이라 인류의 모든 족속을 한 혈통으로 만드사 온 땅에 살게 하시고 그들의 연대를 정하시며 거주의 경계를 한정하셨으니 이는 사람으로 혹 하나님을 더듬어 찾아 발견하게 하려 하심이로되 그는 우리 각 사람에게서 멀리 계시지 아니하도다 우리가 그를 힘입어 살며 기동하며 존재하느니라 너희 시인 중에도 어떤 사람들의 말과 같이 우리가 그의 소생이라 하니 이와 같이 하나님의 소생이 되었은즉 하나님을 금이나 은이나 돌에다 사람의 기술과 고안으로 새긴 것들과 같이 여길 것이 아니니라 알지 못하던 시대에는 하나님이 간과하셨거니와 이제는 어디든지 사람에게 다 명하사 회개하라 하셨으니 이는 정하신 사람으로 하여금 천하를 공의로 심판할 날을 작정하시고 이에 그를 죽은 자 가운데서 다시 살리신 것으로 모든 사람에게 믿을 만한 증거를 주셨음이니라 하니라"(행 17:24-31).

하나님께서는 인간에게 당신의 존재를 분명히 계시하신다. 그리고 인간에게서 예배받기를 원하신다. 그렇기 때문에 세계 각처의 고대 문화 속에는 신에 대한 예배의 모습이 여실히 담겨 있었다. 그러나 그 조상에게서 전해져 온 여호와 하나님에 대한 숭배 예식은, 시간이 지나고 장소가 바뀜에 따라 타락한 인간에 의하여 이룩한 문화와 혼합되면서 왜곡되고 변질되었다.

그러므로 여호와 하나님께서 인간들에게 복을 주시며 그들에게 "생육하고 번성하여 땅에 충만하라, 땅을 정복하라, 바다의 물고기와 하늘의 새와 땅에 움직이는 모든 생물을 다스리라"(창 1:28)고 하신 말씀에 따라 주신 삶의 지혜에 대해서도 그들의 죄성에 의하여 흐려져서, 자연을 면밀히 살피고 연구하지 않고서는 쉽게 깨닫지 못하게 되었다.

한의학의 형성과 황제내경

이제 우리는 바벨에서 극동으로 이주해 온 자들이 그 조상들로부터 전해 받은 삶에 대한 지혜, 특히 의학적 지혜와 지식을 기초로 해서 이루어진 한의학(漢醫學 : 韓醫學)의 형성과정을 살펴볼 것이다.

이 수수께끼를 푸는 비결은 중국의 전설적 왕이었다는 황제(黃帝)가 궁중의사인 기백(岐伯)과 함께 만들었다는 한의학 최고(最古)의 기초이론서인 『황제내경』을 살펴봄으로써 가능할 것이다.

그렇다면 『황제내경』은 과연 어떤 책이며, 이 최고의 의학 서적이 성경과는 어떤 연관성을 가지고 것인가?

1. 한의학과 황제내경

　『황제내경』은 황하 유역에 거주하던 화하족과 황하 하류에서 산동 반도에 걸쳐 거주하던 동이족 사이에서 발달한 민간 전래의술을 중심으로 집대성되었다.[76]

　『황제내경』은 현재까지 존재하는 한의학 서적 중에, 단편적인 의학 내용을 담고 있는 마왕퇴(馬王堆)에서 출토된 의서(醫書)들을 제외하면, 가장 그 연대가 빠른 것으로 알려져 있다. 더욱이 『황제내경』은 한의학의 모든 근본원리를 수록하고 있는 책으로서는 최고(最古)라 할 수 있다. 그것은 곧 의서로서 현재 알려져 있는 한의학의 문헌 중에서 가장 완비된 최초의 고전임을 의미한다. 그리고 그 의학 원리는 현재까지도 한의학을 구성하고 있는 모든 기초이론의 근거가 되고 있다.[77]

---

76 강효신, 『東洋醫學槪論』(서울: 고문사, 1989), pp. 1-2.
77 홍원식, 『黃帝內經素問』(서울: 전통문화연구회, 1996), p. V.

『황제내경』은 의학이론으로 음양오행(陰陽五行), 오운육기(五運六氣), 장부경락(臟腑經絡), 병인병기(病因病機), 진단, 치료 원칙, 침구, 방약(方藥), 섭생(攝生), 예방 등과 인간과 자연의 관계, 생리와 병리 및 각종의 질병에 대하여 기록하고 있다. 그리고 내경(內經)의 중요한 특징은 인간의 생명활동을 자연 계층에 위치 지우고 고찰한 데 있다. 즉 내경은 '하늘(天)'과 '인간(人)'의 상호관계 구조 틀 속에서 음양오행, 병기, 진단법(診斷法), 치료 원칙 그리고 운기(運氣) 등으로 분류할 수 있다. 뿐만 아니라 진·한 시대의 천문학(占星術), 역법, 기상학, 지리학, 심리학 그리고 생물학 등 여타 과학 분야의 내용도 풍부하게 담고 있다.[78]

『황제내경』은 각각 81편씩, 총 162편으로 구성된, '소문'과 '영추'의 두 부분으로 구성되어 있다. 이 두 부분에 있는 글자의 수는 대략 16만 자 정도다. 이 책은 황제(黃帝)가 기백(岐伯) 등 6명의 신하와 문답과 토론함으로써 각종 의학 이론을 밝혀 나가는 형식으로 구성되어 있다.[79]

그렇다면『황제내경』은 왜 책 제목에 중국의 전설적인 임금인 '황제'의 이름을 붙이고 있는가? '황제(黃帝)', 그는 어떤 인물이며, 의학과는 도대체 무슨 관련이 있는 것일까?

---

78 홍원식,『黃帝內經素問』, pp. Ⅴ-Ⅶ.
79 Ibid., p. Ⅵ.

2. 황제(黃帝)는 누구인가?

그림 〈2-1〉 헌원(軒轅) 황제(黃帝) 상

『황제내경』의 전설적인 저자 황제의 초상

『황제내경』을 이해하는 데 있어 먼저 이 책의 저자로 알려진 '황제'에 대하여 살펴볼 필요가 있다.

중국의 역사를 살펴보면, 역사 이전 시대에 삼황(三皇)과 오제(五帝)가 있었다고 한다. 곧, 인간을 만들었다는 여와(女媧), 사냥을 시작했다는 태호(太昊) 복희(伏羲), 농경법과 약초의 이용법을 가르쳐 주었다는 염제(炎帝) 신농(神農), 이 삼인을 삼황(三皇)[80]이라 하며, 그 이후에 황제(黃帝), 전욱(顓頊), 제곡(帝嚳), 요(堯) 그리고 순(舜)을 오제(五帝)[81]라고 한다. 그 후 하(夏)·은(殷: 또는 商), 주(周) 나라로 이어지는데 지금까지 밝혀진 중국의 역사상 최초(最初)의 왕조는 은(殷: 商)나라다. 그리고 주(周)나라 이후의 역사는 그 사기(史記)에 의하여 빠짐없이 기록되어 전해지고 있다.

그렇다면 '황제'는 역사 시대 이전인 선사 시대의 인물이란 말인데 그는 후대 역사가들에게 어떤 존재로 알려져 왔을까?

1) 황제에 대한 기록과 주장들

황제에 대한 역사 기록은 진(秦)과 한(漢) 나라 시대 이전에 쓰인 책

---

80 운두추(運斗樞)나 원명포(元命苞) 등의 위서(緯書: 경서의 뜻에 비추어 인간의 길흉화복을 기록한 책)들은 여와, 복희, 신농을 삼황(三皇)으로 제시하며, 상서대전(尙書大傳)이나 백호통의(白虎通義) 같은 문헌에서는 불(火)의 사용법을 가르쳐주었다는 수인(燧人)과 복희와 신농을 삼황으로 주장한다. 또한 제왕세기(帝王世紀)는 복희, 신농, 황제(黃帝)를 삼황으로, 통감외기(通鑑外紀)는 복희, 신농, 공공(共工)을 삼황으로 제시하고 있다(참고: 김태성 편저, 『중국사 뒷이야기』, pp.16-17).

81 오제(五帝)에 대한 기록은 『세본(世本)』, 『대대기(大戴記)』, 『사기·오제본기(史記五帝本紀)』 등에서는 황제, 전욱, 제곡, 당요(唐堯) 및 우순(虞舜) 등을 오제(五帝)로 꼽고 있고, 『예기·월령(禮記·月令)』에서는 태호, 염제, 황제, 소호(小昊) 및 전욱 등을, 『상서서(尙書序)』와 『제왕세기(帝王世紀)』에서는 소호(小昊), 전욱, 고신(高辛: 제곡(帝嚳), 당요 및 우순 등을 오제(五帝)로 지목하고 있다(참고: 김태성 편저, 『중국사 뒷이야기』, pp. 16-17).

들인,『일주서(逸周書)』,『국어(國語)』,『좌전(左傳)』,『장자(庄子)』,『관자(管子)』,『상군서(商君書)』,『한비자(韓非子)』,『세본(世本)』,『죽서기년(竹書紀年)』,『여씨춘추(呂氏春秋)』,『대대례기(大戴禮記)』,『회남자(淮南子)』,『산해경(山海經)』 등 중요한 문헌에서 찾을 수 있다. 1972년 산동성 임기은작(臨沂銀雀) 산에 있는 한(漢)나라 시대의 무덤에서 죽간(竹簡)들이 출토되었다. 거기에 기록되어 있는『손빈병법 · 세비(孫臏兵法勢備)』에서는 황제(黃帝)가 탁록(涿鹿)에서 전투를 벌였다고 기록하고 있다(涿鹿之戰).[82]

정사덕(程士德)과 맹경춘(孟景春)은 그들의 저서『내경강의(內經講義)』에서 황제라는 인물에 대한 주장은 여러 가지가 있으나 크게 다음의 두 가지로 볼 수 있다고 했다.

첫 번째 주장으로, 황제를 실존했던 한 인물로 보는 견해다. 중국의 전국(戰國), 진(秦), 한(漢) 시대의 많은 역사가들에 의하면 황제를 고대의 제왕 중의 한 명이라고 불렀다. 또한 중국어 단어 대사전집인『사해(辭海)』의 기록에는, 전설에 의하면 중원(中原)에는 각 부족의 공동 조상이 있었는데 그의 성은 희(姬), 호는 헌원씨(軒轅氏), 또는 유웅씨(有熊氏)이며, 소전(少典)의 아들이라고 했다. 그가 제왕(帝王)이 되었는데 곧 '황제(黃帝)'라는 주장이다. 또 한편의 주장은, 황제를 '한 사람'으로 보기보다는 '한 씨족(一個氏族)'으로 보는 견해이다. 즉 중국의 원시 사회 말기에 한 씨족이 원래 서북방 지역에 거주하였는데 곧 '황제씨족(黃帝

---

82 栢明 · 李穎科, "再論黃帝是中華民族的文明始祖," 黃帝與中國傳統文化學術討論會文集編委會 編,『黃帝與中國傳統文化學術討論會文集』(西安: 陝西人民出版社, 2001), p.5.

氏族)'이라는 것이다.[83]

1988년 중국 서안에서 열린 "황제에 관한 중국 전통문화 학술토론회"에서 왕청징이 「황제의 공헌과 영향」이란 제목의 논문을 통해 주장하기를, "황제는 헌원(軒轅) 언덕[오늘날, 하남성 신정현(新鄭縣) 지역]에서 태어남으로 당시의 사람들이 그를 헌원씨(軒轅氏)라고 불렀다. 그리고 그는 부족의 도읍지를 같은 지역인 유웅[有熊: 하남성 신정현(新鄭縣) 지역]에 두었다. 그러므로 그의 호(號)를 유웅씨(有熊氏)라고 하였다. 또 희수(姬水) 지역에서 성장했기에 그의 성(姓)을 희(姬)라고 했다. 그는 총명하고 재간이 출중했으며 전쟁에 능했다. 판천(阪泉)에서 염제(炎帝)와 싸워 그를 격파했다(阪泉之戰). 탁록(涿鹿) 지역[오늘날의 하북성 선화 계명산(河北省宣化鷄鳴山) 일대]에서 여러 군주의 군대와 싸웠는데(涿鹿之戰), 특히 치우(蚩尤)와의 전쟁에서 그를 격파한 후에 모든 제후들로부터 천자(天子)라는 존칭을 받았다. 그리하여 신농씨(神農氏)를 대신하여 천하를 다스리게 되었다. 또한 그 지역의 땅이 아름다운 황토(黃土)였기에 그를 '황제'(皇帝)라고 부르게 되었다"고 했다.[84]

황제에 대한 문헌상의 기록은 사마천(司馬遷)의 『사기・오제본기(史記・五帝本紀)』에 보다 자세히 나타나 있다. 서한(西漢) 시대의 역사가 사마천은 당시까지 전해 내려오던 역사 기록과 황실에서 소장하고

---

83 程士德・孟景春 編, 『內經講義』(上海 : 上海科學技術出版社, 1988), pp.1-2.
84 汪淸澄, "黃帝的貢獻和影響", 黃帝與中國傳統文化學術討論會文集編委會 編, 『黃帝與中國傳統文化 學術討論會文集』, pp.53-54.

있던 도서들과 공문서(檔案)를 조사해 본 결과, 이 기록들이 황제(黃帝)와 요(堯), 순(舜)에 대한 민간 전설의 내용과 크게 다르지 않음을 알게 되었다. 따라서 사마천은 『대대례기(大戴禮記)』 중의 "오제덕(五帝德)"과 "제계성(帝系姓)" 두 편과 『국어(國語)』와 『좌전(左傳)』에서의 기록과, 백가(百家)들의 말과 장로(長老)들의 구전들을 종합하여, 황제, 전욱, 제곡, 요, 순의 사적들을 살펴본 결과, 이것들이 믿을 만하다고 인정하였다. 그래서 이에 관한 내용을 "오제본기(五帝本紀)"라고 하여 『사기(史記)』의 맨 첫 장에 기록했다고 한다. 『국어·진어사(國語 晉語四)』의 기록에 의하면, 소전씨(少典氏)가 유교씨(有蟜氏)와 결혼하여 그들 사이에서 황제(黃帝)와 염제(炎帝)가 태어났다. 황제는 희수(姬水) 지역에서 자라났고, 염제는 강수(姜水) 지역에서 성장했다. 그래서 황제를 '희(姬)'라고 했고, 염제를 '강(姜)'이라 했으며, 두 사람의 성품이 서로 달랐다고 기록하고 있다.

『사기·오제본기(史記·五帝本紀)』에는 다음과 같이 기록되어 있다.

"황제는 소전(少典)의 아들이고, 성(姓)은 공손(公孫), 이름은 헌원(軒轅)이라 했으며, 태어날 때 몸은 약했지만 영민했고, 유년기에는 통솔력이 뛰어났으며, 자라나면서는 건장하고 민첩했고, 성년이 되어서는 총명하고 재능이 출중하였다.

그 당시 제후들은 서로 싸워 백성들을 괴롭혔는데, 신농(神農) 염제(炎帝)가 이들을 정벌하게 되었다. 그러나 제후 중에서 제일 포악한 치우(蚩尤)는 정벌할 수 없었다. 이후 신농의 세력이 약해지자 제후들 간에 다시 분쟁이 일어났다. 그때에 황제는 총명한 지혜와 비범한 재능과 개척자적 영도력으로 부락을 이끌고, 자신들을 보호하고 전쟁을 대비하기 위하여 무예를 닦았다. 그는 희수(姬水)에서 일어나 낙수(洛水)를 따라 남하하여 동쪽으로 황하를 건넜고, 중조산(中條山)과 태행산(太行山)을 따라 동북으로 뻗어 나가 산서 남부와 산동 황하 일대와 하북 일대에 이르렀다.

한편 당시 가장 세력이 강했던 염제 부락과 동남 지역을 장악하고 있던 치우(蚩尤)가 이끄는 여족(黎族) 사이에 충돌이 일어났는데 염제가 패하게 되자 황제에게 원조를 요청하게 되었다. 황제와 염제는 연합하여 치우가 거느리는 구여부락(九黎部落)과 탁록에서 전투를 벌였다(涿鹿之戰). 결과는 치우가 패망했다. 전쟁 후에 염제는 그의 세력을 다시 회복하기 위해 제후들을 장악하려 하자, 황제가 이를 만류하면서 판천(阪泉)에서 황제와 염제 간에 전쟁이 일어났다.[阪泉之戰; 참고 : 기원전 7세기의 서주(西周) 시대의 문헌인 『국어(國語)』와 『좌전(左傳)』에도 이 전투에 대한 기록이 있다.] 그 결과 염제가 패하게 되었고, 황제는 자신의 뜻을 따르지 않는 자들을 정벌하니 오랜 세월 동안 있어 온 부락 간의 모든 분쟁이 평정되었다. 황제가 황하 지역의 큰 땅을 통일하니 모든 제후는 염제를 정벌한 황제(黃帝) 헌원씨를 '천자(天子)'로 추대하게 되었다."[85]

오늘날 중국의 역사가들은 대체로 위의 두 주장을 모두 받아들이고 있다. 즉, 황제는 고대에 실존했던 '한 사람'으로 보고 있으며, 또한 그

---

85 栢明 · 李穎科, "再論黃帝是中華民族的文明始祖", pp.5-6.

가 '한 씨족'을 이루었는데 곧 '황제 씨족'이요, '화족'의 시조라는 견해이다. 그러므로 황제는 고대 중국 역사상 가장 능력 있는 인물이자 부족으로서 중화민족의 시조가 되었다는 주장이다.

현재 중국은 중화민족의 시조로 '황제(黃帝)'를 추앙하고 있으며, 섬서성(陝西省) 황릉현(黃陵縣)에 황제의 능을 복원하고 있다.

2) 황제와 중화 전통문화

황제는 삼황·오제 중의 한 사람인데, 고대 중국 황하 유역에 형성된 부락 연맹의 지도자로서 중국 역사상 가장 능력 있는 인물이자 중화민족의 선조로 추앙받고 있다. 전해지는 바로는 그가 한의학의 원전이 되는 『황제내경』을 그 당시 궁중 의사인 기백(岐伯) 등과 함께 집대성했다고 한다. 또한 황제(黃帝) 때에 창힐(倉頡)이라는 사관(史官)에 의하여 한자(漢字)가 창제되어 백성을 가르쳤고, 여섯 재상들[풍후(風後), 태상(太常), 창용(蒼龍), 축융(祝融), 대봉(大封), 후토(後土)]을 임명하여 천지를 다스렸으며, 점천관(占天官)을 임명하여 점성술로 일월성신의 상태를 파악함으로 제사일과 기타 중요한 날짜들을 정했다. 예수(隸首)에게 수(數)를 정하여 산수와 도량을 제정하도록 하였고, 음악에도 조예가 깊어 악사 영륜(伶倫)을 시켜 12개 음의 율려(律呂)를 만들게 하였으며, 경(磬)과 고(鼓) 등의 악기도 만들었다고 한다. 그는 또 양잠과 이를 통한 비단직조를 창시했고, 여러 기구를 개발했으며, 활과 화살을 만들었고, 상제(上帝)에게 제사를 올리기 위한 궁실(宮室)을 만들었다고 한다. 또한 화폐(貨幣)를 만들었고, 수산(首山)의 구리(銅)를 채굴하여 철제 솥을 만들었으며, 지남침을 발명했다고 한다. 그는 문무를 겸비한 인물로서 운동을 좋아했기에 심지어 축구 운동도 황제가 처음으로 창시했다고 한다.[86]

이와 같은 그의 치적들 때문에 중국인들은 스스로 황제의 자손임을 자부하고 있다. 춘추시대에 와서는 이 헌원씨족(軒轅氏族)을 '화하족(華夏族)'이라고 불렀는데 이들이 바로 중화(中華)민족의 시조인 화족(華族)이다. 한(漢) 나라 이후에는 이들을 '한족(漢族)'이라고 불렀는데 오늘날 한족(漢族)의 조상이 되었다고 한다.

그러므로 황제씨족(黃帝氏族)은 화족(華族)의 시조이며, 곧 한족(漢族)의 시조이다. 오늘날 중국 인구의 주류를 이루고 있는 한족은 그 시조를 황제씨족(黃帝氏族)에서 찾으면서 그 씨족의 우두머리로 '황제'를 모시고 있다. 즉 중국 한족 문화의 근본을 모두 이 '황제'에서 찾고 있는 것이다.

3) 황제와 용

용(龍)은 중국 역사 속에서 중요한 위치를 차지한다. 따라서 생활 곳곳에 용이 등장한다. 그들은 용(龍)을 동물의 왕이라 믿었고, 큰 복을 가져오는 행운의 동물로 여겼다. 그래서 용은 중국인들의 모든 삶의 영역에 영향을 미친다. 각종 건축물이나 예술품, 불교와 도교의 전설이나 설화 속에서 중요한 위치를 차지한다.

---

86 汪淸澄, "黃帝的貢獻和影響", 黃帝與中國傳統文化學術討論會文集編委會 編, 『黃帝與中國傳統文化學術討論會文集』, p.54.

한대(漢代)에 왕충(王充)이 쓴 『논형(論衡)』에서는 용을 황제(皇帝)를 상징하는 동물로 규정하고 있다. 용은 신령한 능력이 있어서 권위와 힘을 상징하는 관계로 제왕(帝王) 자체를 의미했다. 중국 역사상 자신이 직접 '용의 시조(祖龍)'라고 자칭한 사람은 진시황제(秦始皇帝)(BC 259-209)였다.

그러나 용이 본격적으로 황제(皇帝)의 상징이 되어 사용된 시기는 한나라(前漢, BC 202-AD 8) 때부터였다고 본다. 『사기(史記)』에서는 한(漢)나라의 시조인 고조(高祖) 유방(劉邦)이 용의 혈통을 이어받은 영웅이었다고 말한다. 이때부터 황제의 얼굴을 '용안(龍顔)', 황제의 옷을 '용포(龍袍)', 황제의 자리는 '용상(龍床)' 등으로 부르기 시작한 것으로 보고 있다.[87]

그림 〈2-2〉 황실의 상징인 용문양[88]

87 김학관, 『성경의 눈으로 읽는 중국사』, p.38.
88 조선시대 왕실의 상징인 곤룡포의 용문양(龍紋樣)(서울, 국립박물관)

그렇다면 중화민족의 용에 대한 숭배는 언제부터 시작되었을까?

중화민족이 '용의 후예'라고 칭해지는 데는 두 가지 전설이 있다고 한다. 한 가지는 복희(伏羲)와 여와(女媧)의 전설이고, 다른 한 가지는 헌원(軒轅) 황제(黃帝)의 전설이다.[89]

복희·여와의 전설에 의하면, 태호(太昊) 복희(伏羲)는 오늘날 감숙성(甘肅省) 천수(天水) 일대에서 태어났다. 그러므로 천수는 '복희의 고향[伏皇故里]'이라 불린다. 복희는 중국 신화 속의 인물로 그물 만드는 법과 물고기 잡는 법을 가르쳤고, 문자를 창조했으며, 팔괘를 만들었다. 또한 사계를 정하고, 거문고를 만들고, 음악을 장려했으며, 관리를 임명했다. 복희와 여와는 혼인하여 부부가 되었고, 인류의 시조가 되었다. 전설에 의하면 복희의 '몸은 용이고 머리는 인간(龍身人首)'이었고, 여와의 '몸은 뱀이고 얼굴은 인간(蛇身人面)'이었다. 그러므로 이들의 후예인 중화민족은 '용의 후예'라는 것이다.[90]

또 한편으로 헌원 황제에 대한 전설이다. 『사기·오제본기』에 의하면, 황제는 소전(少典)의 아들이고, 성은 공손(公孫)이며, 이름은 헌원(軒轅)이다. 전설에 의하면 그는 하늘로부터 큰 용(巨龍)을 타고 섬서성 황릉(黃陵) 교산(橋山)으로 내려왔다고 한다. 황제는 웅(熊), 비(貔), 휴(貅), 추(貙), 호(虎) 등의 부족과 52차례나 전쟁을 한 결과, 그들을 정벌하고 천하를 평정하였다. 그 후 황제부족은 중원의 맹주가 되었고 고대 중국의 국가 기초를 세웠다. 그러므로 고대 중국에 있었던 여러 개의 부족

89 惠煥章·張勁輝 編著, 『陝西歷史百謎』(西安: 陝西旅游出版社, 2001), p.3.
90 Ibid..

들이 황제 부족으로 흡수, 동화되었고, 용(龍)은 공동 부족에 있어서 중원 화하족의 상징(圖騰)이 되었다. 『사기 · 천관서(史記 · 天官書)』에 의하면 "헌원은 황룡의 몸"이라고 했다. 즉, 헌원은 용의 별자리로서, 용의 형체로 온 분으로 용과 같은 존재였다.[91]

고대 중국은 크게 삼대 집단에 의하여 구성되었다. 즉, 화하족(華夏族), 동이족(東夷族), 묘만족(苗蛮族)이다. 화하족(華夏族)은 섬서성 황토고원을 발상지로 하여 황화 양안을 따라 중국의 서방과 중부 일부 지역을 포함하였고, 황제(黃帝)가 대표적인 인물이었다. 동이족(東夷族)은 산동성 남부 지역을 거점으로 산동성 북부 지역과 하북성, 만주 지역, 한반도, 일본까지 이르고, 서쪽으로는 하남성 동부, 남쪽으로는 안휘성 중부에 이르며, 동쪽으로는 바다에 이르는 광범위한 지역에 거주했는데, 동이족의 대표 인물로는 소호(小昊), 태호(太昊)-복희(伏羲), 염제(炎帝), 그리고 치우(蚩尤) 등이 있었다. 묘만족은 호북성과 호남성을 중심으로 거주하였는데, 삼묘, 구려, 형만, 요족 등 30여 개의 지파가 있으며, 치우는 그들의 공동조상으로 알려진다. 따라서 이 삼대 부족 간의 장기적인 교류와 융합에 의하여 중국 고대 문화가 형성되었다. 그중에서도 화하족이 가장 크고 강대했으며 문화도 비교적 발달하여 전체 민족의 대표가 되었다.

그러므로 오늘날의 한족(漢族)은 화하족의 헌원 황제를 중심으로 하여 삼부족의 연합으로 조성된 민족이라는 주장이다. 용은 화하 부족의 토템이었다. 그러므로 화하족의 후예인 중화민족은 '용의 후예'라는 주

---

91 黃石林 · 石興邦, "龍与中華民族," 黃帝與中國傳統文化學術討論會文集編委會 編, 『黃帝與中國傳統文化學術討論會文集』, p.97.

장이다.

중국의 고고학자 황석림 등은 「용과 중화민족」이라는 보고에서 다음과 같이 기록한다.

"근래 하남성(河南省) 민지현(澠池縣), 앙소촌(仰韶村) 지역의 고분(古墳) 유적지에서 신석기 말기에 해당하는 많은 석기(石器), 골기(骨器), 도기(陶器) 등이 발굴되었다. 특히 1980년대 후반에 하남성 복양서수파(濮陽西水坡) 앙소문화 유적지 45호 큰 무덤[大墓]에서 6천여 년 전의 것으로 추정되는 유물이 출토되었다. 무덤의 주인으로 추정되는 유골과 그 유골의 우측과 좌측에 흰 민물조개껍데기[白色蚌殼]로 만든 용과 호랑이 형상의 모형[貝堆龍虎圖]이 출토된 것이다.

특히 용은 유골의 우측 즉, 동쪽에 위치하여 길이는 1.78m, 높이는 0.67m이고, 머리는 북쪽, 꼬리는 남쪽, 등은 서쪽, 발은 동쪽으로 향하고 있었다. 머리에는 뿔이 나 있었고, 머리는 위로 향해 있었으며, 눈은 번쩍 뜨고 있었고, 가는 몸은 활 모양으로 굽어 있었으며, 전후 각각 짧은 다리에 다섯 개의 발가락을 가지고 있었다. 꼬리는 길고 굽어져 있었으며, 꼬리 끝은 손바닥처럼 펴져 있었다. 그것은 전설상 전해지는 용의 형상(머리는 말, 사슴 뿔, 뱀의 몸통과 비늘, 독수리 발톱, 물고기 꼬리의 용)과 유사했다. 그리고 사실 이것은 어쩌면 악어 형상과 비슷하기도 하였다.

묘지의 연대는 지금으로부터 약 6,460년 전(BC 4460년경)의 것으로 추정된다. 지금까지 출토된 용의 형상 중에서 후세에 일반적으로 알려진 용의 형상과 가장 가깝다. 따라서 이 용의 형상을 일컬어 '중화제일용(中華第一龍)'이라 한다. 이외에도 요녕성 부신사해(阜新査海) 유적지에서 발굴된 길이 20m 되는 중국에서 제일 오래되고 최대인 용 형상의 유물, 내몽고 옹우특기삼성(翁牛特旗三星)의 옥용(玉龍) 등, 많은 용 형상의 유물이 곳곳에서 발굴되었다. 그러므로 중화민족은 고대로부터 용을 숭배해 왔었다는 증거를 가지고 있다."[92]

오늘날 중화 인민의 주류를 이루고 있는 한족(漢族)은 스스로 고대 황제 씨족인 화하족의 후예라고 주장하기를 주저하지 않는다. 또한 그들은 '용의 후예'라고 자처하며, 용의 그림이나 문신, 용선 경기, 용 탈춤, 용 조각 및 건축물 등, 용의 문화를 형성하고 좋아하며 즐긴다.

중국인은 과연 '용의 후예'인가? 그렇기 때문에 중국인들은 용(龍)이고, 화하족의 선조가 되는 황제에 의하여 편찬되었다고 전해지는 의학 서적이 곧 『황제내경』이며, 이 책을 바탕으로 형성된 의학이 곧 중의학이기에 이를 좋아하고 애용하는 것인가?

중국인들은 한의학을 '우리나라의 의학' 곧, '중국의학[中醫學]'이라고 부른다.

4) 황제와 민간신앙

오늘날 중국인들은 대부분 황제를 중화민족의 시조로 본다. 특히 신앙의 자유와 종교활동의 자유가 확실히 보장된 대만에서는 중국 본

---

92 Ibid., pp.94-96.

토의 전통문화를 계승하고 부흥시킨다는 취지 아래 황제숭배 사상이 생겨났다. 이것은 황제를 조상신으로 모시고 제사하는 것이다. 중국 본토의 전통문화와 대만의 현대문화를 서로 접목하여 새로운 사회문화를 창출한다는 의미로 대만에서는 이 사상이 하나의 민간신앙으로 자리하였다. 이것이 곧 '헌원교(軒轅敎)'이다. 대만 정부 발표에 의하면, 2004년 기준으로 대만 내에서 헌원교는 22만 명 이상의 신도를 가지고 있고, 그 교세가 맹렬히 확산되고 있다고 한다.

이 교는 하늘의 상제(上帝)를 정점으로 하여 그 아래 헌원 황제가 있으며, 인도(人道: 儒敎)-인본주의(人本主義), 지도(地道: 墨家)-겸선천하(兼善天下), 천도(天道: 道家)-천인합일(天人合一)이 중심 사상이다. 헌원교는 10계명을 가지고 있는데 다음과 같다. 제1계명: '상제(上帝)'를 섬겨라(신앙의 대상이 '헌원 황제(軒轅 黃帝)'가 아니라 '상제(上帝)'이다). 제2계명: 부모를 공경하라. 제3계명: 이웃을 사랑하라. 제4계명: 어려운 사람을 도와주라. 제5계명: 모든 일을 공정하게 하라. 제6계명: 다른 사람의 잘못을 용서하라. 제7계명: 망령되고 거짓된 말을 하지 말라. 제8계명: 재물을 탐하지 말라. 제9계명: 정도(正道)를 펼쳐라. 제10계명: 세계 영구 평화를 추구하라. 이 외에도 율법 등 여러 가지의 교리들을 가지고 있다.[93]

흥미로운 것은, 헌원교 체제에 대한 내용을 자세히 살펴보면 이 교의 바탕이 유교·묵가·도교의 가르침 위에 형성되었다고 하나 실제로는 성경의 가르침과 상당한 유사성을 지니고 있다는 점이다. 유교, 묵

---

93 秦照芬, "臺灣地區對黃帝的信仰与硏究", 黃帝與中國傳統文化學術討論會文集編委會 編, 『黃帝與中國傳統文化學術討論會文集』, pp.33-35.

가 및 도교는 그 근본교리상 뚜렷한 신관(神觀)을 가지고 있지 않은 것이 특징인데, 헌원교는 최고의 신으로 상제(上帝)를 모시고 신봉한다. 즉, 그 신관의 특징을 볼 때 이 종교는 '헌원교'라기보다는 '상제교(하나님교)'라야 한다는 것이다. 왜냐하면, 헌원 황제는 신앙의 대상이 아니라 신과 인간을 중재하는 조상신으로서, 대제사장의 역할을 하고 있기 때문이다. 그러므로 헌원교는 기독교 사상에 깊은 영향을 받고 있음을 스스로 증명하고 있는 것이다.

〈표 2-1〉 헌원교의 체제[94]

94 秦照芬, "臺灣地區對黃帝的信仰与硏究", 黃帝與中國傳統文化學術討論會文集編委會編, 『黃帝與中國傳統文化學術討論會文集』, p.38.

3. 황제내경은 어떤 책인가?

오늘날 전해지고 있는 『황제내경』은 과연 어떤 책일까? 현존하는 『황제내경』은 "소문(素問)"과 "영추(靈樞)"라는 두 부분으로 구성되어 있다. 이 두 부분에 있는 글자의 수는 대략 16만 자 정도다. 이러한 방대한 전문 의학 서적이 정말 역사 이전 시대라는 '황제시대'에 기록되었을까? 그러나 한의학을 연구하는 사람이라면 누구나 알다시피 『황제내경』은 진(秦)나라 전후기에 집필되었다. 비록 이 책 안에 역사 이전 시대의 지혜가 일부 담겨 있을지는 몰라도, 그 기록은 역사 시대에 들어와서 기록되었다.

그렇다면 이제부터 『황제내경』에 대한 역사적 배경을 함께 살펴보기로 하자.

1) 『황제내경』의 저술 동기

인간의 질병에 대한 치료와 예방에 대한 노력은 인류의 역사와 같

이한다. 동서고금을 막론하고, 각 나라와 민족들 사이에는 특유의 민간 의학들이 존재해 왔다.[95]

고대 중국도 마찬가지로 민간 전통의학들이 발달하였다. 특히 중국은 춘추전국시대(BC 770-221) 당시 제자백가들에 의하여 고대 중국문화의 전성기를 맞이하였다. 이 시대의 중국은 많은 제후국(諸侯國)들이 일어나면서 정치 · 경제 · 철학 · 역사 · 예술 및 의학 등에 있어 놀라운 진보가 있었다. 특히 많은 전쟁을 치르면서 의학은 더욱 발달하였다.

춘추전국시대를 마감하고 중국 역사상 최초의 강력한 통일 왕국이 세워졌는데, 바로 진(秦) 나라였다. 이 강력한 통일 국가인 진(秦) 나라의 '시(始)' 황제(皇帝)[96]는 국가를 보다 강하고 튼튼하게 유지하기 위하여, 그의 즉위 9년(기원전 213년) 때에 신하들에게 국가 통치에 관한 좋은 의견들을 제출하게 하였다. 진시황은 여러 신하들의 건의 중에서 승상(丞上) 이사(李斯)의 건의를 받아들였다[시황 34년, 기원전 213년; 『사기 · 진시황본기(史記 · 秦始皇本紀)』

이사(李斯)의 건의를 보면, 다음과 같다.

"지금은 시대가 옛날과 같지 않고 만사는 시대의 흐름에 따라 변하는

---

95 아시아에서는 아시아 지역의 전통의학이 있고〈참고: 허정, 『아시아 전통의학을 찾아서』(서울: 도서출판 한울, 1997)〉, 한국은 한국 나름대로의 전통 민간의학이 전래되고 있으며〈참고: 김용한, 『민간요법 5000년』(서울: 시아), 1996〉, 미주지역 인디언들에게는 그들 나름대로의 전통 민간의학이 전래되어 왔다〈참고: C. A. 웨슬리 저, 『자연이 우리에게 가르쳐주는 것들』, 박소예 역(서울: 청하, 1992)〉.
96 시황(秦始皇)은 처음으로 '황제(皇帝)'라는 명칭을 사용하였는데, 그것은 전설의 왕조였던 '삼황(三皇)'의 '황(皇)'과 '오제(五帝)'의 '제(帝)'에서 각각 따와서 자신을 '삼황'과 '오제'를 능가하는 가장 위대한 임금으로 '황제(皇帝)'라고 부르게 했다.

법이온데 지금의 현실에 옛날의 제도를 시행한다는 것은 있을 수 없는 일이옵니다. 이미 천하가 안정되고 법령이 통일되었으니 백성들은 생업에 충실해야 하고 지식인들은 현행 법령과 제도를 학습하는 데 전력해야 하옵니다. 그러나 안타깝게도 일부의 몰지각한 지식인들이 아직도 구사상, 구제도에 매달려 고서(古書)의 기록에 따라 현재의 정치제도를 비판하고 있으니 이는 폐하의 통치에 매우 해로운 현상이므로 엄히 다스려야 하옵니다. 따라서 소신의 생각으로는 사관(史官)들이 소장하고 있는 책 가운데 진국(秦國)의 역사를 기록하지 않은 것은 물론이요, 박사관(博士官)들이 소장하고 있는 『시경(詩經)』과 『상서(尙書)』 그리고 개인들이 소장하고 있는 책들을 전부 불태워 버려 사상의 혼란을 막는 것이 앞으로를 위하여 바람직할 것 같사옵니다."[97]

진시황은 이사의 이러한 건의를 받아들여 분서(焚書)를 단행했다. 분서의 구체적인 방법은, 백성들의 건강에 관한 의학 서적과 농사법의 절기를 계산하는 점성술(占星術)에 관한 책들과, 식물재배에 관한 책들과 관가에서 소장하고 있는 진국(秦國)의 역사를 기록한 책들을 제외하고, 민간에서 소장하고 있는 시경(詩經)과 상서(尙書), 제자백가서(諸子百家書) 등 모든 책을 30일 내에 지방관에게 가져가 불태우게 하는 것이었다.

그 결과 수많은 고대의 서적들과 글들이 불탔다. 죽간(竹簡)이나 목

---

97 김태성 편저, 『중국사 뒷이야기』, p.129.

편(木片)에 새긴 고대의 서적들이 불타면서 중국문화의 거대한 유산(遺産)들이 연기처럼 사라져 갔다. 진국(秦國) 이외의 역사서와 제자백가의 학술사상을 기록한 서적들의 대부분이 소실되면서 진대(秦代) 이전의 수많은 역사적 사실과 학술 사상들이 모조리 자취를 감추었다. 그리고 이에 반대한 사람들 460여 명의 유생과 방사들을 붙잡아 산 채로 큰 구덩이에 매장시켰다. 이른바 진시황(秦始皇)의 '분서갱유(焚書坑儒)' 사건이다.[98]

한편 분서갱유가 있기 수백 년 전에 살았던 공자는 후대에 이러한 사건이 일어날 것을 예견하고 시경(詩經) 등 자신의 가르침을 담은 진본서적들을 자신의 집 벽(魯壁) 속에 숨겨 놓음으로써, 진시황 때에 분서갱유 사건을 모면할 수 있었고 이로써 그의 가르침이 오늘날까지 전해질 수 있게 되었다.

역사 · 철학 · 사상 등의 내용을 담고 있는 서적들은 잘못하면 소멸할 수 있지만, 의서(醫書) 종류는 살아남는다는 것을 경험한 까닭에, 진나라 이후인 한(漢)나라 때에는 많은 철학, 종교 및 사상 등이 향후에 다시 있을지도 모르는 '또 다른 분서갱유'를 염려하여, 의학 속으로 스며들어오게 되었다. 따라서 진 · 한 시대를 통하여 의학 서적의 저술활동이 보다 활발하고 논리적으로 체계화된 것으로 추정된다. 이것이 진대(秦代)를 전후하여 『황제내경』과 같은 방대한 의학 서적을 집필하게 된 배경이다.

---

98 Ibid., pp. 130-131.

그림〈2-3〉 노벽(魯壁)[99]

공자는 후대에 '분서갱유'와 같은 사건이 일어날 것을 예견하고 시경(詩經) 등 자신의 가르침을 담은 진본서적들을 자신의 집 담벽(魯壁) 속에 숨겨놓았다고 한다.

〈표 2-2〉 중국의 왕조들[100]

하(夏) 왕국(전설적?)		대략 2000-1520BC
상(商: 또는 은[殷])왕국		대략 1520-1030BC
주(周)왕국(봉건시대)	전기 주대(周代)	대략 1030-722BC
	춘추시대(春秋時代)	722-480BC
	전국시대(戰國時代)	480-221BC
제1차 통일 진(秦)왕조		221-207BC
한(漢) 왕조	전한(前漢:또는 西漢)	202BC-9AD
	신(新)의 공위기간	9-23
	후한(後漢: 또는 東漢)	25-220

---

99 중국 산동성 취푸(曲阜)의 공묘(孔廟)에 있는 노벽(魯壁)

100 조셉 니덤, 『중국의 과학과 문명: 사상적 배경』, 김영식 · 김제란 역(서울: 까치글방, 1998), pp.38-39.

제1차 분열	삼국시대	221-265
	촉(蜀: 또는 蜀漢)	221-264
	위(魏)	220-264
	오(吳)	222-280
제2차 통일	진 왕조: 서진	265-317
	동진	317-420
	(유)송(劉宋) 왕조	420-479
제2차 분열	북조(北朝)와 남조(南朝) : 남북조	
	제(濟)	479-502
	양(梁)	502-557
	진(陳)	557-587
	북위(탁발족)	386-535
	위(魏) 서위(탁발족)	535-554
	동위(탁발족)	534-543
	북제(北齊)	550-577
	북주(北周, 선비족)	557-581
제3차 통일	수(隋)왕조	581-618
	동(唐)왕조	618-906
제3차 분열	오대(五代):후양(後梁), 후당(後唐, 돌궐족), 후진(後晉, 돌궐족), 후한(後漢, 돌궐족), 후주(後周, 돌궐족)	907-960
	요(遼)왕조(거란족)	907-1125
	서요(西遼, 거란족)	1124-1211
	서하(西夏, 티베트계 탕구트족)	986-1227
제4차 통일	북송(北宋)왕조	960-1226
	남송(南宋)왕조	1127-1279
	금(金)왕조(여진족)	1115-1234
	원(元)왕조(몽골족)	1260-1368
	명(明)왕조	1368-1644
	청(淸)왕조(만주족)	1644-1911
	민국(民國)	1912-1949
	인민 공화국(人民共和國)	1949-

주: 괄호 안에 한정하는 말이 없는 왕조는 중국인의 왕조이다. 동진 시대 동안 북방에는 적어도 독립된 18개국(흉노, 티베트, 선비, 돌궐 등)이 있었다. '육조(六朝)'라는 용어는 주로 문학사학자들이 사용한다. 그것은 주로 남조를 지칭하고, 기원후 3세기 초-6세기 말까지의 시기에 해당하며, (삼국의) 오(吳), 진(晉), (유)송(宋), 제(濟), 양(梁), 진(陳)을 포함한다.

〈표 2-3〉 연대표[101]

시대	지중해	이집트	팔레스타인	메소포타미아	인도	중국
BC 3500				우르 시(市)의 시작		
	초기 미노아 문명(2600BC)	고왕국 (2600BC) 피라미드 건설 (2700-2500BC)			인더스 문명	앙소문명 (仰韶文明)
2500		중왕국 (2100BC)		라가시의 구데아 (2100 BC)		
2000			아브라함(?)			용산문명 (1600BC) 상(商)왕조
	중기 미노아 문명(1800BC)					
1500		신왕국	모세 (대략 1300BC)			
		투탕카멘 (1361-1352BC)				주가 상(商)을 정복(1027BC)
1000			다윗 (대략 1000BC) 솔로몬 (대략 950BC)			
				조로아스터 (이란, 대략 600BC) 니네베 파괴 (대략 600BC)	고타마(불교 대략 560BC) 마하비라(자이나교, 대략 560BC)	공자 (대략 550BC)
			예루살렘 사원 파괴	시리아군이 바빌론 정복(538BC)	다리우스가 펀자브 침입 (512BC)	
500	아테네, 파르테논 신전 건립 (450BC)					전국시대 (480BC)
	플라톤 (428-348BC)					
400	아리스토텔레스(384-322BC)					
300		알렉산드로스 대왕의 정복 (327BC)	알렉산드로스 대왕의 정복 (327BC)		아소카 왕 (300-274BC)	진의 전성기 (212BC) 한왕조 (202BC)
	지중해에서의 카르타고 전쟁 (250-150BC)					
200 100	로마 제국의 시작(31BC)	클레오파트라 (69-30BC)	로마의 예루살렘 점령(63BC)			
AD 0 100			예루살렘 파괴 (70AD)			
200						한의 멸망 (220AD)

---

101 Ibid., pp.40-41.

2) 『황제내경』의 저자

『황제내경』의 저자에 관해서는 책의 제목에서 나타난 것처럼 황제(黃帝)가 궁중 의사인 기백(岐伯) 등과 함께 만든 것으로 전해진다. 그러나 진짜 저자가 누구이며 어느 시대에 성서(成書)되었는가 하는 등의 문제는 현재에도 많은 논란이 되고 있다.

이 책은 한 사람이 썼다고 보기에는 무리가 있다. 왜냐하면 『황제내경』 중 "소문"은 전국시대의 수많은 의술가들이 그때까지 구전되어 온 역대의 경험을 수집하여 책으로 종합한 것인데, 거기에는 전한과 후한의 작품도 혼입되어 있기 때문이다.[102] 또한 『황제내경』을 구성하고 있는 "소문(素問)"과 "영추(靈樞)"는 다같이 한 사람의 손에 의하여 저작된 것이 아니며, 또 어느 특정의 시대에 저작된 것이 아니기 때문이다.[103]

정사덕(程士德) 등이 편찬한 『내경강의(內經講義)』를 보면 현재의 『황제내경』은 『기항오중(奇恒五中)』, 『음양종용(陰陽從容)』, 『규도(揆度)』, 『명당(明堂)』, 『상경(上經)』, 『하경(下經)』 등, 『황제내경』이 완성되기 이전의 고대의학 저작[古醫經著作]들의 내용들을 담고 있다. 내경중의 일부분은 후대에 와서 보충되었다. 내경 중에는 서로 다른 학술상의 견해들이 있다. 심지어는 스스로 모순(自相矛盾)에 빠지는 경우도 있다. 그러므로 오늘날 우리에게 전해 내려오고 있는 『황제내경』은 사실상 어느 한 사람의 손에 의하여 저작된 것도 아니고, 어느 한 시대, 어느 한 지방의 의학적 성과도 아니며, 상당히 긴 시간 동안 많은 의학자의 경험을 총망라했다는 점을 충분히 보여 주고 있다는 주장이 지배적

102　龍伯堅, 『黃帝內經槪論』, p.39.

103　Ibid., p.43.

이다.[104]

　이렇듯 황제가 『황제내경』을 실제로 기록한 것이 아니라 후대의 사람들이 기록한 것이라면, '왜 황제가 이 서적의 저자로 등장하게 되었는가?' 하는 의문이 생긴다. 이에 대한 이유를 설명하기 위하여 용백견(龍伯堅)의 주장을 살펴보자면, 첫째, 음양오행설이 추연에 의하여 발전되고 완비되었다는 사실이다. 『사기(史記)』 제70권 "맹자순경열전(孟子荀卿列傳)"을 보면, "그는 우선 현재에 대하여 말하고 이로부터 황제의 시대로 거슬러 올라갔다[先序今以上至黃帝]"라는 기술을 통해 추연이 음양오행설을 정비하면서 황제를 의학의 원조로 추켜올렸음을 알 수 있다.

　둘째, 『회남자(淮南子)』 제19권 "수무훈(修務訓)"에는, "세속의 사람들은 대부분 옛날을 존중하고 현재를 업수이 생각한다. 그로 인하여 도(道)를 닦는 사람은 반드시 도를 신농이나 황제에 의존한다. 그렇게 해야 비로소 사람들이 이 도의 설을 받아들이게 된다"라는 기록이 있는데, 이는 당시의 일반 대중이 중국의 전설적인 인물인 신농이나 황제에게 명예를 돌리지 않으면 사람들에게 신뢰를 받을 수 없었다는 상황을 전하는 것이다[105]

　셋째, 『황제내경』이 도가(道家)의 사상과 매우 밀접한 관계를 가지

---

104 程士德 · 孟景春 編, 『內經講義』, pp.1-2.

105 참조: 정사덕(程士德) 등도 『내경강의(內經講義)』에서, "이 책을 편집할 때에 실제 편집자들은 개인의 이름보다는 의학의 시조로 추앙받는 인물인 '황제'를 등장시킴으로써 책의 권위를 높이고, 또한 이렇게 함으로써 이 책을 쉽게 손상할 수 없는 책으로 만들기 원했을 것으로 추측된다"고 주장한다.(程士德 · 孟景春 編, 『內經講義』, pp.1-2.)

고 있었던 점을 생각할 수 있다. 왜냐하면 현재 전해지고 있는 가장 오래된 『황제내경』 주석을 한 양상선(楊上善)[106]이나, 현재 전해지고 있는 가장 오래된 『황제내경』 "소문"을 편찬하고 주를 붙인 왕빙[107]이 여러 곳에서 『노자(老子)』의 말을 인용하면서 『황제내경』의 주해를 덧붙이고 있기 때문이다. 오늘날 전해지는 『황제내경』에 강력한 영향을 끼친 이들 모두가 노자 사상에 심취했던 인물들이다. 도가(道家)는 황제(黃帝)를 숭배해서 한나라 초기에는 '황노(黃老)'라는 식으로 황제와 노자를 나란히 불렀다.[108]

이상과 같은 여러 이유로 "의술가와 황제와의 관계가 밀접해져서 최고의 의학 서적 이름에 '황제'라는 이름이 사용된 것으로 보인다"는 이 주장은 상당한 타당성이 있다고 생각한다.

---

106 양상선(楊上善)은 『황제내경태소(黃帝內經太素)』를 편찬하고 주석을 단 사람으로 당나라 초기 인물로 보인다. 그는 당의 고종(649-683)의 명을 받아 『태소(太素)』와 『황제내경명당(黃帝內經明堂)』을 편찬했다. 이는 "소문(素問)"과 "영추(靈樞)"의 별전(別傳) 교과서이며, 현존하는 가장 오래된 『황제내경(黃帝內經)』의 주석으로 귀중하다. 그는 도교에도 심취하였던 것으로 보이는데, 그는 『노자(老子)』의 주석서인 『도덕집주진언(道德集註眞言)』 20권을 저작했다고 전해진다. 그리고 『황제내경태소(黃帝內經太素)』의 주에도 노자의 말을 인용하고 있음을 볼 수 있다(참조: 龍伯堅, 『黃帝內經槪論』, pp.192-193).

107 왕빙(王氷)(710-804)은 당나라 중엽의 사람으로 알려져 있다. 오늘날 전해지고 있는 『황제내경』 "소문(素問)"을 편찬하고 주를 붙인 인물로 알려진다. 그는 젊은 시절부터 도술(도교)에 탁월하여 양생을 즐겼다고 한다. 따라서 그의 주석에 도가·도교적인 말이 간혹 보이는 것도 그 때문이다(참조: 龍伯堅, 『黃帝內經槪論』, p.193).

108 龍伯堅, 『黃帝內經槪論』, pp.17-19.

3) 『황제내경』의 기록 연대와 명칭

『황제내경』의 실제 기록 연대의 추정은 대략 기원전 4세기경에서부터 서기 2세기경까지 다양하다. 간혹 3세기 이후의 작품도 혼입되어 있다.[109] "소문(素問)"과 "영추(靈樞)"는 전국시대에서부터 진(秦), 전한(前漢), 후한(後漢)에 걸쳐 완성된 것으로 보인다. 그러므로 『황제내경』의 대부분은 전국시대에서 이루어진 것으로 보이며, 그 완성은 전한(前漢; 西漢)과 후한(後漢;東漢) 시대를 거쳐 만들어진 것으로 추정된다.

『황제내경』의 명칭에 대하여 좀더 자세히 살펴보자면, 고전의학 저작 중에 '경(經)'이란 이름의 의학 서적은 『황제내경』을 제외하고도, 『난경(難經)』, 『본초경(本草經)』, 『갑을경(甲乙經)』, 『중장경(中藏經)』 등이 있다. 의학 서적 중의 '경(經)'이라 함은 의학적인 규범인데, 의료인들이 반드시 배우고 지켜야 할 도리를 의미한다. 그리고 '내(內)'라는 말은 '외(外)'와 상대되는 말이다. 예를 들면 『한서(漢書)』의 '예문지(藝文志)'에 의하면 고대 중국 사회에서 의학 경전을 공부한 학파는 크게 일곱학파(醫經七家)가 있었다고 한다. 즉 의경칠가(醫經七家)에는 『편작내경(扁鵲內經)』, 『편작외경(扁鵲外經)』, 『백씨내경(白氏內經)』, 『백씨외경(白氏外經)』, 『백씨방편(白氏旁篇)』, 『황제내경(黃帝內經)』, 『황제외경(黃帝外經)』 등이 있다(이 중에서 현재 전해오는 학파는 『황제내경(黃帝內經)』밖에 없다).[110]

그런데 책 이름을 '내(內)'와 '외(外)'로 분류한 것은 큰 의미가 없다는

---

109 Ibid., p.39.

110 이종찬, 『동아시아 의학의 전통과 근대』(서울 : 문학과지성사, 2004), p.74.

학자들이 있는가 하면, 또 다른 학자들은 의경(醫經)을 '내', '외'로 분류
한 것은 '의학 기본이론'과 '임상 의료기술'로 나눈 것이라는 주장이다.
그러므로 『황제내경』은 '의학 기본이론'을 담고 있는바, 『황제외경』은
'임상 의료기술'을 담고 있었을 것이라는 주장이다. 그러나 『황제외경』
은 오늘날 전해지지 않아 그 내용을 고증할 수 없다.[111]

　　『황제내경(黃帝內徑)』이라는 책 이름이 최초로 나타나 있는 문헌
은 전한 말기(기원전 1세기 말)에 유향(劉向)의 아들 유흠(劉歆)이 편집
한 『칠략(七略)』이라는 책에서이다. 그러나 현재 이 책은 전해지지 않
고 있다. 현존하는 책 중에서 『황제내경』이라는 책 이름이 최초로 나타
나 있는 것은 『한서(漢書)』 "예문지(藝文志)"의 "방기략의경(方技略醫經)"
이라는 부(部)에 "『황제내경(黃帝內徑)』 18권, 『외경(外經)』 37권"이라고
기록된 부분이다.[112] 이 예문지(藝文志)는 유흠(劉歆)이 편집한 『칠략(七
略)』을 기초하여 후한의 반고(班固)가 편찬한 것이다. 따라서 유흠의 시
대(기원전 1세기 말)에는 이미 『황제내경』이라는 명칭의 책이 존재하고
있었다고 본다.[113]
　　그렇다면 유흠의 시대 이전에는 『황제내경』이란 명칭이 존재했을
까? 『사기(史記)』 "편작전(扁鵲傳)"에는 "장상군(長桑君)이 소지하고 있
던 '금방(禁方)의 서(書)'를 끌어내서 그 모두를 편작(扁鵲)에게 주었다"
라고 기록되어 있다. 이에 의하면 기원전 5세기 전반의 춘추전국시대

111　程士德 · 孟景春 編, 『內經講義』, p.2.
112　龍伯堅, 『黃帝內經槪論』, p.12.
113　Ibid..

에는 '금방(禁方)의 서(書)'라는 막연한 명칭만으로 존재하였고, 『내경』
이란 명칭도 없었으며, 의서와 황제와의 관계도 아직 나타나지 않은 것
으로 보인다.[114]

　　『사기(史記)』 "창공전(倉公傳)"에는, 창공(倉公)이 고후(高後) 8년(기
원전 180년)에 스승인 양경(陽慶)을 알현하고 그로부터 일군(一群)의 의
서(醫書)를 받았다고 기록하고 있다. 이 의학 서적들은 『황제편작지맥
서(黃帝扁鵲之脈書)』, 『상하경(上下經)』, 『오색진(五色診)』, 『기해술(奇咳
術)』, 『규도(揆度)』, 『음양외변(陰陽外變)』, 『약론(藥論)』, 『석신(石神)』 그
리고 『접음양금서(接陰陽禁書)』 등의 책들인데, 그 책 내용의 대부분이
현존하는 『황제내경』 중에 포함되어 있다.[115]

　　이에 따르면 전한 초기인 창공(倉公) 시대(기원전 180년)에는 아직
『황제내경』이란 명칭이 존재하지 않았지만, 『황제편작지맥서(黃帝扁鵲
之脈書)』라고 하는 책 이름이 등장하고 있음을 보아 의학 서적과 '황제'
와의 관계가 이미 생겨나고 있었음을 알 수 있다.[116]

　　'황제내경'이라는 명칭은 비로소 전한 말기(기원전 1세기 말)에 이르
러서야 나타났다고 본다. 왜냐하면 전한 말기(기원전 1세기 말)의 사람
유흠(劉歆)이 편집한 『칠략(七略)』에 『황제내경』이란 책 이름이 처음으
로 등장하기 때문이다.[117]

114　Ibid..
115　Ibid., pp.14-17.
116　Ibid., pp.16-17.
117　Ibid., p.12.

그렇다면 누가 처음으로 '황제내경'이라는 책 이름을 사용했을까? '황제내경'이란 명칭이 전한 초기인 창공 시대와 전한 말기인 유흠 시대 사이에 등장한 것이라면, 유흠의 아버지 유향(劉向)이 처음으로 명명했을 가능성이 있다고도 본다. 왜냐하면 유향은 자신이 당시의 여러 책을 편찬 및 교정하는 과정에서 『전국책(戰國策)』처럼 새롭게 책 이름을 정한 것도 있기 때문이다.[118]

『황제내경』의 명칭이 정해진 시기는 상당히 늦어졌지만〈전한(前漢) 말기: 기원전 1세기말〉, 그렇다고 이 책이 저작되기 시작한 시대도 마찬가지로 늦었다고 할 수는 없다. 그리고 책 중에 언급된 시대가 다양하여, 이 책이 저작된 시대보다 매우 오래 전의 시대에 대한 상황의 전래도 포함하고 있다고 본다.

---

118 Ibid:, p.17.

〈표 2-4〉 황제내경의 저작과 편집 시대[119]

시대(연대)	西曆	史實	史實의 근거	『黃帝內經』의 저작과 편집
周·元王 3년 定王 16년	기원전 473년 기원전 453년	趙簡子 죽다, 魏의 桓子와 韓趙, 智伯을 멸하다.	楊寬 『戰國史戰國大事年表中有關年代的考訂』	編纂의 시대(기원전 5세기 전반)
戰國時代	기원전 453-기원전 221년 기원전 340-기원전 260년	鄒衍의 시대	梁啟超 『先秦學術表』	① 『素問』 전기의 주요부분이 저작된다 (기원전 4세기) ② 陰陽五行을 논하는 것(기원전 3세기의 중-후기) 『靈樞』 초기의 작품(기원전 3세기)
秦	기원전 221-기원전 207년			
前漢 武帝太初元年	기원전 206-기원전 24년 기원전 180년 기원전 104년	倉公의 시대 太初曆의 발포	『史記』 倉公傳 『漢書』 武帝紀	『素問』 중기의 작품 중 陰陽繫明篇 등(기원전 1세기) 『靈樞』 후기의 작품 중 脈解篇 등(기원전 1세기)
	23년	劉歆 죽다.	『漢書』 王莽傳	『黃帝內經』의 명칭 성립
後漢 章帝元和 2년	25-220년 85년	四分曆의 발포	『後漢書』 章帝紀	『靈樞』중 九宮八風篇, 歲露篇 등(1세기) 『素問』 후기의 작품

〈표 2-5〉 황제내경의 저작과 편집 시대[120]

시대(연대)	西曆	史實	史實의 근거	『黃帝內經』의 저작과 편집
三國 (蜀의 昭烈帝 章武 元年부터 吳의 中晧 天紀 4년까지)	221-280년 215-282년	皇甫謐의 시대	『晉書』의 皇甫謐傳	『甲乙經』의 편집 완성(3세기 중엽)
晉 (武帝 泰始 元年부터 恭帝 元熙 元年까지)	265-419년			『素問』가운데 『靈蘭祕典論』 등(3세기 이후)
唐 高宗 肅宗 寶應 元年	650-683년 650-683년 762년	楊上善의 시대 王氷의 시대	杜光庭 『道德眞經廣聖義』, 楊守敬 『日本訪書志』, 蕭延平 『校刻黃帝內經太素』序列, 王氷 『素問』序	『黃帝內經太素』의 편집 완성(7세기 중엽) 및 『素問』의 補次 완성(8세기 중엽)
北宋 仁宗 嘉祐 年間	960-1126년 1056-1063년	高保衡·林億의 시대	高保衡·林億 『進素問表』	『素問遺篇』(9-10세기)

4) 『황제내경』의 구성

'황제내경(皇帝內徑)'이란 명칭이 전해지는 예문지(藝文志)에는 "『황제내경』은 18권으로 기록되어 있다"라는 언급은 있으나, 『황제내경』이 "소문(素問)"과 "영추(靈樞)" 두 책으로 구성되어 있다고는 언급하지 않는다.[121]

그러나 오늘날 우리에게 알려진 『황제내경』은 "소문"과 "영추"라는 두 권의 책으로 구성되어 있다.

『황제내경』이 이처럼 소문(素問)과 영추(靈樞)로 나뉘어져 편집된 것은 "소문(素問)"은 한의학의 기초 이론과 원리들을 주로 담고 있는 반면, "영추(靈樞)"는 '침경'으로서의 원리를 담고 있기 때문이다.

그렇다면 과연 현존하는 "소문"과 "영추"는 어떤 책인가?

현재의 "소문(素問)"

"소문(素問)"이라는 명칭이 가장 빨리 나타난 곳은, 3세기 초엽의 장중경(張仲景)의 『상한잡병론(傷寒雜病論)』 서문(序文)이다. 그 이후 1,700년 동안은 그 명칭에 변화가 없었다. 그런데 "소문(素問)"이라는 서명에 대해서는 그 해석이 학자마다 다르다.

임억(林億)의 『신교정(新校正)』에서는 전원기(全元起)의 주해를 인용하면서 다음과 같이 주장한다.

121　程士德 · 孟景春 編, 『內經講義』, p.3.

"소(素)는 근본을 가리키고, 문(問)은 황제가 기백에게 물었음을 의미한다. 이 물음에 따라 성정(性情)의 근원과 오행의 근본을 각각 서술했으므로 '소문(素問)'이라 부르는 것이다"라 하였고, 마시(馬蒔), 오곤(吳崑), 장개빈(張介賓), 왕구달(王九達) 등은 "평소의 문답 내용을 적은 책"이라고 했다. 호주(胡澍)는 "소(素)는 법을 가리킨다 … 황제가 병을 치료하는 방법을 기백에게 물었으므로 그 책을 '소문'이라 하였다"고 풀이하고 있다. 이상의 해석들은 뜻하는 바에 대하여서는 알 수 있다 할지라도 경의 취지와는 맞지 않은 듯하다.

그러나 임억(林億)의 『신교정(新校正)』에서는 "건착도(乾鑿度)에 '형태가 있는 것은 형태가 없는 것에서 생긴다. 그러므로 태역(太易), 태초(太初), 태시(太始), 태소(太素)가 생겨나게 되었다. 태역은 기가 보이지 않는 상태이고, 태초는 기의 시작이며, 태시는 형의 시작이고, 태소는 질(質)의 시작이다'라고 했는데, 기와 형이 질을 갖추었으므로 이로부터 병이 생기게 되었다. 이 때문에 황제는 이에 대하여 물었던 것이고, 이것이 바로 태소질(太素質)의 시작이다. '소문(素問)'의 명칭도 이로부터 왔을 것이다"[122]

일반적으로 임억(林億)의 해석을 원문의 뜻과 비교적 가까운 것으로 보고 있는데, 양상선(楊上善)이 그의 서명을 『황제내경태소(黃帝內經太素)』라고 한 것도 그 근원이 여기에 있을 수 있다.[123]

---

122 Ibid., pp.2-3.
123 Ibid., pp.2-3.

그러므로 현재의 "소문(素問)"이 762년경 당(唐)의 왕빙(王氷)(710-804)이 편찬하고 주를 붙인, '계현자차주(啓玄子次注)'라 불리는 것이다. '차주(次注)'는 '편찬하고 주(注)를 붙였다'는 의미다.[124] '계현자(啓玄子)'는 '왕빙(王氷)의 호(號)'를 말한다. 도가에서 즐겨 사용하던 현(玄) 자를 호에 포함한 것으로 보아 도가사상의 영향을 받았을 것으로 보인다. 왕빙은 운기학설(運氣學說)과 관련되는 "칠편대론(七篇大論)"을 새로 삽입하였다.[125] 그러므로 "소문(素問)"이 9권본 '금원기주본(金元起注本)'에서 24본으로 개편된 것은 왕빙(王氷)의 손에 의한 것이다. 그러다가 송(宋)의 인종(仁宗) 가우(嘉祐) 2년(서기 1057년)에 이르러 다시 고보형(高保衡), 손기(孫奇), 임억(林億) 등이 교정을 가하고 손조중(孫兆重)이 오류를 교정했다.[126]

현재의 '영추(靈樞)'

"영추(靈樞)"에 대해서도 그 해석이 일치하지 않는다. 마시(馬蒔)는 "'영추(靈樞)'의 추(樞)는 바로 문을 열고 닫는 문호(門戶)를 의미하고, 영(靈)은 이것이 원활하면 성(聖)에 이르고 원(元)에 이른다는 뜻이다"라 하였고, 장개빈(張介賓)은 "신령(神靈)의 추요(樞要)를 가리켜 영추라 한다"고 하였다.[127] 그러나 왕빙(王冰)이 "영추"라 고친 것을 『수서(隋書)·경적지(經籍志)』의 구령(九靈)에 있는 목록과 도가(道家)의 "옥추(玉樞)", "신추(神樞)" 등의 여러 경의 명칭을 결합시킨 것으로 보는 학자도 많

124 龍伯堅, 『黃帝內經槪論』, p.45
125 이종찬, 『동아시아 의학의 전통과 근대』, p.77.
126 龍伯堅, 『黃帝內經槪論』, p.45
127 程士德·孟景春 編, 『內經講義』, p.3.

다. 이 점에서 보면 상술한 '신령(神靈)'이나 '추기(樞機)'의 뜻에 부합하는 것으로 보인다.[128] 또한 이에 대하여 일본의 단파원윤(丹波元胤)은 "지금의 도장(道藏)에는 옥추(玉樞), 신추(神樞), 영축(靈軸) 등의 경이 있는데, '영추(靈樞)'라는 뜻도 바로 우류(羽流)에서 온 것이 아니겠는가!" 라고 하였다. 여기에서 우(羽)는 우사(羽士)로서 도사(道士)의 별칭이다.[129]

　　"영추(靈樞)"라는 명칭은 당(唐)나라의 왕빙(王冰)에 의하여 처음 불렸다. 한나라의 장중경(張仲景)과 서진(西晉)의 왕숙화(王叔和)는 '구권(九卷)'이라고만 말하였는데, 서진(西晉)의 황보밀(皇甫謐)이 '침경(針經)' 이라고 부르기도 하고 간단하게 '구권(九卷)'이라고 부르던 것을 당(唐) 나라의 왕빙(王冰)이 바꿔 부른 것이다. 결국 『침경(針經)』과 "영추(靈樞)"는 거의 같은 내용의 이본(異本)이다. 그런데 중국에서는 북송 초기에 『침경(針經)』은 소실되고 '영추(靈樞)'만 남았는데, 그것도 손실된 부분이 매우 많아 완본이 아니었다. 북송의 철종(哲宗) 치하의 원우(元祐) 8년(AD 1093년)에 고려로부터 의서(醫書)가 헌상(獻上)되었는데, 그중에서 9권본(九卷本)의 "영추(靈樞)"가 있었다. 이로서 중국은 완전한 『침경(針經)』을 보유할 수 있게 되었다. 중국이 소장하고 있는 현재의 "영추(靈樞)"는 고려에서 헌상(獻上)된 『침경(針經)』을 말하는 것이고, 명칭이 "영추(靈樞)"로 변경된 것에 불과하다.[130]

---

128 Ibid..

129 Ibid., p.3.

130 龍伯堅, 『黃帝內經槪論』, pp.20-23.

그러므로 현재의 "영추(靈樞)"는 송(宋)의 철종(哲宗) 원우(元祐) 8년(1093년)에 고려가 헌상한 『침경(針經)』 9권본이었던 것을 사숭(史崧)이 개편하여 24권으로 만들고 "영추(靈樞)"라고 이름을 고친 것이다. "영추(靈樞)"의 원본은 일찍이 고보형(高保衡) 등의 교정을 거쳤는데, 당시 교정된 것은 완본이 아니라 잔본이고 그것도 일찍 소실되었다.

왕빙(王氷)이 개편한 24권본의 "소문(素問)"과, 사숭(史崧)이 개편한 24권의 "영추(靈樞)"는 현존하는 것 중에서 가장 오래된 "소문(素問)"과 "영추(靈樞)"다.[131]

『황제내경』의 최고(最古)의 판본

청(淸)의 함풍(咸豊) 2년(AD 1852년)에 전희조(錢熙祚)는 『황제내경』을 펴낼 때에 이 두 책을 채택했다. 『황제내경』의 판본은 매우 많은데 "소문"의 현존하는 가장 오래된 판본은 북경도서관 소장의 금각본(金刻本)이다. 그러나 남아 있는 것은 13권[소문(素問) 12권과 소문유편(素問遺篇) 권을 합한 것]에 지나지 않는다.

"영추(靈樞)"의 현존하는 가장 오래된 판본은 원(元)의 호씨고림당(胡氏古林堂)에서 펴낸 판본이다. 여러 판본 중에서 교감(校勘)이 제일 상세하게 잘된 것은 전희조(錢熙祚)의 것이다.[132]

---

131 Ibid., p.45.
132 Ibid..

〈그림 2-4〉『황제내경』의 최고(最古)의 판본

金刻本 "素問"

元刻本 "靈樞"

북경도서관 소장　　　　　　　　대만 중앙도서관 소장

5)『황제내경』과 동양사상

'한의학' 하면 먼저 '음양오행'을 연상하리만큼 한의학은 음양오행설과 불가분의 관계가 있는 듯하다. 또한 한의학은 도가(道家)의 가르침을 비롯한 '동양사상'과도 불가분의 관계가 있는 것으로 보인다.

그렇다면 과연 한의학의 원조가 되는『황제내경』은 음양오행설과 동양사상의 바탕 위에 이루어진 것일까? 만일 그렇지 않다면『황제내경』이 음양오행설과 동양사상을 내포하게 됨에는 또 다른 이유가 있었을까?『황제내경』과 음양오행,『황제내경』과 동양사상, 과연 이들은 어떤 관계일까?

『황제내경』에 음양오행설이 들어오고 더불어 도가(道家)의 사상이 자리하게 된 것은 전국시대였다고 한다. 이 시기에 의술가이자 도가였던 추연(騶衍)[133]이 그 이전부터 학자들이 연구하여 주장해 오던 음양설과 오행설이라는 각각의 학설을 결합하여 하나의 이론 체계로 '음양오행설'을 만들었다. 그리고 이를 의학상의 각종 문제를 해석하는 데 이용하였다.[134] 그러므로 중국인들은 추연을 중국의 모든 과학적 사고의 실질적인 창시자로 여기고 있다. 사실 그는 음양오행설의 창시자는 아니었지만, 오래 전부터 유통되어 오던 음양과 오행에 대한 관념들을 체계화하고 하나의 이론체계로 확립한 것이 분명하다. 추연에 대한 기록은 서한(기원전 1세기)의 사마천 『사기(史記)』의 기록을 보면 충분히 알 수 있다.[135]

『사기(史記)』 제70권 "맹자순경열전(孟子荀卿列傳)"을 보면 다음과 같은 기록이 있다.[136]

"추연(騶衍)은 통치자들이 점점 더 방종해지고 덕(德)을 존중할 수 없게 되었음을 보았다.… 그리하여 그는 음과 양의 증가와 감소 현상들을 깊이 조사했고, 그것들의 기묘한 순열들과 위대한 성인(聖人)들의 시작부터 끝까지의 순환들에 관하여 10만 자가 넘는 글을 썼다. 그의 말은 방대하고 광범위했으며, 경전에서의 받아들여진 믿음과는 일치하지 않았다. 처음에 그는 작은 대상들을 조사해야 했고, 이로부터 큰

---

133 추연(鄒衍)의 생존 연대는 양계초(梁啓超)의 『先秦學術年表』에 의하면 기원전 340-260년 춘추전국시대로 추정된다.
134 龍伯堅, 『黃帝內經槪論』, pp.35,107.
135 조셉 니덤, 『중국의 과학과 문명: 사상적 배경』, pp.187-188.
136 Ibid., pp.188-189.

것에 대한 결론을 끌어내야 했으며, 마침내 한계가 없는 것에 도달했다. 그는 우선 현재에 대하여 말하고 이로부터 황제(黃帝)의 시대로 거슬러 올라갔다. 학자들은 모두 그의 기술을 연구했다….

그는 중국의 유명한 산들, 큰 강들과 금수들, 물과 물의 혜택과 진기한 산물들을 분류하는 것에서 시작하여, 바다 저편에 있고 인간이 관찰할 수 없는 것에까지 그의 검토를 확대했다….

그리고 하늘과 땅이 분리된 때로부터 출발하여, 시대를 따라 내려오면서 '다섯 가지 힘[五德]'의 순환과 변환을 인증(認證)했고, 그것들이 각기 그 적당한 자리를 얻고[역사에 의해서] 확인하도록 그것들을 배열했다."

"騶衍睹有國者益淫侈, 不能尙德, …乃深觀陰陽消息, 而作怪迂之變, 終始大聖之篇, 十餘萬言. 其語閎大不經, 必先驗小物, 推而大之, 至於無根. 先序今以上至黃帝. 學者所共術. …先列中國名山大川, 通谷禽獸, 水土所殖, 物類所珍. 因而推之, 及海外人之所不能睹. 稱引天地剖判以來, 五德轉移, 治各有宜, 而符應若玆."[137]

이상의 기록을 통해서도 알 수 있듯 추연이 당시까지 유통되어 온 음양과 오행이론의 관념들을 체계화하고 그것을 실생활 속에 실용화

---

137 Ibid., pp.188-189.

함으로써 음양오행론은 그 이후로 의학뿐만 아니라 중국의 사상과 과학적 이론체계를 확립하는 데까지 큰 영향을 끼쳤다. 아울러 그는 도교 사상에도 탁월한 지식을 지니고 있었으며, 이를 체계화하고 대중화하는 데 큰 기여를 했다. 따라서 추연은 이들의 사상을 의학 체계를 세우는 데 최대한 활용함으로써 한의학 이론 속에 이러한 이론과 사상을 자리 잡게 만들었다.

『황제내경』과 여러 한의학 서적에 도교를 비롯한 유교 등의 종교 및 철학 사상들이 본격적으로 유입된 중요한 또 다른 이유를 살펴보면, 그것은 진시황 때 일어난 분서갱유(焚書坑儒) 사건의 교훈이다. 그 사건을 통해서 알 수 있듯이 모든 철학 사상 등의 내용을 담고 있는 서적들이 소멸되는 가운데 의서 종류는 살아남은 까닭이다. 이 사건 이후 많은 종교, 철학 및 사상들이 향후에 다시 있을지 모르는 '또 다른 분서갱유'를 염려하여, 의학 서적 속으로 스며들게 된 것으로 추정된다.[138] 그러므로 세월이 흐르면서 『황제내경』과 의서들이 성서(成書)가 되는 과정에서, 당시 중국의 각종 이론과 철학과 사상들이 스며들게 된 것으로 보인다.

---

138 김태성 편저, 『중국사 뒷이야기』, pp.130-131 참조.

4장

한의학의 성경적 이해

지금까지 우리는 한의학을 형성하게 된 배경적 상황과 또한 한의학 형성의 원전이 되는 『황제내경』을 여러 관점에서 살펴보았다. 그렇다면 이제부터 살펴보고자 하는 것은, "한의학의 최초 기초 이론서인 『황제내경』이 하나님의 말씀인 성경과는 어떠한 관련성을 가지고 있을까?" 하는 것이다. 즉 『황제내경』을 성경의 조명으로 비춰 보고자 하는 것이다. 이것은 곧 "한의학은 성경적인 관점에서 볼 때에 어떠한 모습일까?" 하는 것에 대한 대답이 될 것이다.

1.황제내경의 이해

1) 황제와 성경

작가 김성일 씨는 황제(黃帝)에 대하여 성경과의 연관성을 주장하면서 그 나름대로 독특한 견해를 보이고 있다. 그는 다음과 같이 주장한다. 즉, 중국의 고대 전설시대의 인물 중에서 인간을 창조했다는 여와(女媧)는 '여호와'를 연상케 하며, 태호(太昊) 복희(伏羲)는 그 이름에서 보듯이 방주에서 나와 하나님께 제물(羲)을 드리고 경배했던(伏) '노아'를 연상케 한다. 염제(炎帝) 신농(神農)은 동방의 백성에게 농경법을 가르쳐 준 신인(神人)이라고 전해지는데, 『태평어람(太平御覽)』에 보면 "신농이 땅을 갈고 그릇을 빚었다[神農耕而作陶]"고 기록되어 있다. 즉 중국 고대의 기록들은 이 신농씨가 '흙의 문화'를 남겨 주었다고 증언한다. 이 '흙의 문화'는 노아의 자손 중에서 '셈의 문화'인 것이다. 그러므로 여와는 여호와를, 태호(太昊) 복희(伏羲)는 노아를, 염제(炎帝) 신농

(神農)은 셈에 대한 표현이라고 추측할 수 있다는 것이다.[139]

그렇다면 염제족 신농씨의 후예인 일군(一群)의 동방족을 정복하고 중국을 통일했다는 헌원씨 황제는 누구인가? 김성일은 다음과 같은 견해를 계속 주장한다.

> "중국의 신화시대 이후에 나타난 최초의 정치적 지도자로 인정받고 있는 황제(黃帝)는 그에 대한 기록들을 분석해 볼 때, 명암과 선악이 교차되는 양면성을 지니고 있음을 볼 수 있다. '황제(黃帝)는 백민(白民)에 나서 본래 동이(東夷)에 속한다[帝繁史記].'"[140]

김성일은 또 다른 기록을 제시하면서 그의 견해를 계속 주장한다.

> "'황제(黃帝: 본래 셈족에 속하는 동방족의 한 자손)는 서쪽의 여자[西陵之女]를 취하여 아내로 삼았다. 그녀의 이름은 루저(嫘姐)이며 황제의 아내가 되었다[史記·五帝本紀]'고 되어 있다. 그리고 셈족인 헌원씨(軒轅氏) 황제(黃帝)는 같은 셈족인 염제씨(炎帝氏) 신농(神農)과 전쟁을 벌였는데 황제는 신농과 세 번 싸워 이겼다[大戴禮記·五帝德]. 이에 다시 동방족에 속하는 치우(蚩尤)가 신농(神農)의 복수를 위해 헌원에게 도전하였으나[大荒北經], 치우(蚩尤)는 체포되어 참살되었다[冊府元龜]. 또 헌원은 자주 곤륜산(崑崙山)의 '서왕모(西王母)'를 만난 것으로 되어 있다. 곤륜산은 일명 서산(西山)이라 했으니, 곧 황제 헌원

---

139 김성일, 『성경으로 여는 세계사』 제1권(서울: 신앙계, 1996), p. 122.
140 Ibid., pp. 193, 219-222 참조

이 취한 '서쪽의 여자[西陵之女]'는 서왕모(西王母)를 의미한다. 그러므로 서왕모의 도움을 받아 염제족 신농씨의 정통성을 뒤엎고 최초로 천하를 장악한 영걸 헌원의 미스터리는 성경에 나타난 함의 아들인 구스의 후예 니므롯(창 10:8-12)과 조립하지 않으면 절대로 풀리지 않는다. 즉 황제 헌원은 왜 동방족(셈족)의 백민(白民)인데 서쪽의 여자[西陵之女]인 서왕모(西王母)를 아내로 취했으며, 또 같은 동방족(셈족)인 염제족(炎帝族) 신농씨(神農氏)를 쳐부수었을까? 그것은 '서왕모의 남편'인 '가짜 헌원'이 신농씨 집안의 훌륭한 지도자였던 '진짜 헌원'의 이름을 도용(盜用)했기 때문이다. 그리고 그는 진짜 헌원이 이루어 놓았던 의술과 학문의 발전 그리고 바퀴의 발명과 성읍을 건축하는 기술적 성취까지도 자기의 것으로 만들어 버렸다. 그러므로 황제 헌원은 성경 상의 사냥꾼 니므롯이다. 그런데 이 니므롯의 상징은 '붉은 용[紅龍]'이었다. 그는 자신의 모습을 상징하는 붉은 용을 '거룩한 짐승[聖獸]'으로 섬기도록 가르쳤다."[141]

이러한 김성일 씨의 주장이 현재 학계에서 받아들여지고 있는 보편적인 학설은 아니다. 그러나 그의 주장에 대하여 한 가지 흥미로운 것이 있다. 그것은 그가 대표 집필한 『한민족기원대탐사』에서 보고하고 있는 '셈족의 이동 루트' 과정을 통해, 유독 바벨론의 주신(主神)인 '마르둑'(셈어: 빛나는 우주의 아들)이 바로 용의 상징으로 나타났는데, 중국의 화하족이 다시 황제(黃帝)를 황룡으로 그들의 시조로 모시며 자신들을

---

141 Ibid., pp.193, 219-222 참조(보다 자세한 내용은 김성일의 『성경으로 여는 세계사』, 제1, 2, 3권 참조).

'용의 후손'으로 주장하고 있음을 보게 된 것이다. 이는 셈계의 중앙아시아, 우랄 알타이, 몽골, 만주 및 한반도의 민족 기원 및 건국 신화 속에서 하늘 신[天神:上帝]과 곰이나 새들이 민족 형성에 등장하고 있는 것과는 대조적인 모습이다.

이러한 견해들을 종합해 볼 때, 고대 중국은 용을 숭배하는 강력한 힘을 가진 다른 민족의 지도자 '새 헌원씨'가 도래하여, 하느님[上帝]을 섬기던 '원래의 헌원씨'를 밀어내고 그 자리를 차지한 것으로 생각된다는 김성일 씨의 주장이 다소 일리가 있어 보인다. 사실 이러한 예는 고대 부족 국가의 흥망성쇠의 과정에서 자주 있었던 것으로 보이는데, 한국 고대 부족 국가의 건국 신화에서도 쉽게 찾아볼 수 있다. 예를 들면, 신라의 시조 박혁거세의 신화, 김알지의 신화, 가락국의 김수로 왕의 신화 등의 전설과 설화 속에서도 그 시조가 된 자들은 그 본부족의 일원이 아닌 외래인 출신이었던 것이다. 그리고 이러한 신화들은 또한 토템적 숭배 동물을 가지고 있는 것이 상례였다.

2) 용과 성경

오늘날 중국인[漢族]들이 가장 좋아하는 짐승이 '용(龍)'인 것은 과연 이러한 주장과 어떤 연관성이 있는 것일까? 이것은 용을 숭상하는 화하문화가 천손사상(天孫思想)을 가진 동이문화를 정복하는 과정에서 형성된 것이라 여겨진다.

그렇다면 용에 대한 성경적 관점은 어떠할까?

성경은 용에 대하여 언급하기를 악어 또는 뱀의 형상으로 다룬다.

"하나님은 예로부터 나의 왕이시라 사람에게 구원을 베푸셨나이다 주께서 주의 능력으로 바다를 나누시고 물 가운데 용들의 머리를 깨뜨리셨으며 리워야단의 머리를 부수시고 그것을 사막에 사는 자에게 음식물로 주셨으며(시 74:12-14)."

"그 날에 여호와께서 그의 견고하고 크고 강한 칼로 날랜 뱀 리워야단 곧 꼬불꼬불한 뱀 리워야단을 벌하시며 바다에 있는 용을 죽이시리라"(사 27:1).

그렇기 때문에 용은 인류 문화 속에서 '물고기'의 모양으로, '악어'의 모양으로, '뱀'의 모양으로 형상화되었는지도 모르겠다.

성경은 용을 때로는 강력한 왕이나 지도자의 모습으로도 언급하고 있다.

"바벨론의 느부갓네살 왕이 나를 먹으며 나를 멸하며 나를 빈 그릇이 되게 하며 큰 뱀 같이 나를 삼키며 나의 좋은 음식으로 그 배를 채우고 나를 쫓아내었으니"(렘 51:34).

"용이 자기의 능력과 보좌와 큰 권세를 그에게 주었더라"(계 13:2 후).

"용이 짐승에게 권세를 주므로 용에게 경배하며 짐승에게 경배하여 이르되 누가 이 짐승과 같으냐 누가 능히 이와 더불어 싸우리요 하더라"(계 13:4).

그러므로 용은 바벨론의 타락한 인본주의 영향 속에서 강력한 권력을 추구했던 군주들의 상징적인 형상이었는지도 모른다.

성경은 용을 더러운 귀신의 영이라고도 언급한다.

"또 내가 보매 개구리 같은 세 더러운 영이 용의 입과 짐승의 입과 거짓 선지자의 입에서 나오니 그들은 귀신의 영이라 이적을 행하여 온 천하 왕들에게 가서 하나님 곧 전능하신 이의 큰 날에 있을 전쟁을 위하여 그들을 모으더라"(계 16:13-14).

결국 용의 실체에 대하여 성경은 언급하기를, 그는 창조주 하나님을 대적하고 구세주 예수 그리스도를 상하게 하려는 '옛 뱀' 곧 '마귀'라고 선포한다.

"하늘에 또 다른 이적이 보이니 보라 한 큰 붉은 용이 있어 머리가 일곱이요 뿔이 열이라 그 여러 머리에 일곱 왕관이 있는데 그 꼬리가 하늘의 별 삼분의 일을 끌어다가 땅에 던지더라 용이 해산하려는 여자 앞에서 그가 해산하면 그 아이를 삼키고자 하더니 여자가 아들을 낳으니 이는 장차 철장으로 만국을 다스릴 남자라 그 아이를 하나님 앞과 그 보좌 앞으로 올려가더라"(계 12:3-5).

"하늘에 전쟁이 있으니 미가엘과 그의 사자들이 용과 더불어 싸울새
용과 그의 사자들도 싸우나 이기지 못하여 다시 하늘에서 그들이 있
을 곳을 얻지 못한지라 큰 용이 내쫓기니 옛 뱀 곧 마귀라고도 하고
사탄이라고도 하며 온 천하를 꾀는 자라 그가 땅으로 내쫓기니 그의
사자들도 그와 함께 내쫓기니라"(계 12:7-9).

성경은 '용' 곧, '옛 뱀'이자 '마귀'는 결국 영원한 멸망을 받게 될 것이
라 기록한다.

"또 내가 보매 천사가 무저갱의 열쇠와 큰 쇠사슬을 그의 손에 가지고
하늘로부터 내려와서 용을 잡으니 곧 옛 뱀이요 마귀요 사탄이라 잡
아서 천 년 동안 결박하여 무저갱에 던져 넣어 잠그고 그 위에 인봉하
여 천 년이 차도록 다시는 만국을 미혹하지 못하게 하였는데 그 후에
는 반드시 잠깐 놓이리라"(계 20:1-3).

"또 그들을 미혹하는 마귀가 불과 유황 못에 던져지니 거기는 그 짐승
과 거짓 선지자도 있어 세세토록 밤낮 괴로움을 받으리라"(계 20:10).

'용'은 하나님을 대적하며 그리스도를 십자가에 못 박은 '적그리스
도'의 상징임이 틀림 없다. 따라서 '용의 문화' 속에 갇혀 왜곡되어 버린
『황제내경』의 바른 진리를 하나님의 말씀과 그 말씀의 새로운 조명을

통해, 진실로 인간들의 생명을 사랑하고 치유하기 위한 새 생명의 문화, 곧 '그리스도의 문화'로 바꿔야 할 것이다.

3) 인간의 수명 변화와 성경

『황제내경』과 인간의 수명 변화

『황제내경』 "소문(素問)"의 상고천진론편(上古天眞論篇), 제1, 제1장을 보면, 아래와 같은 기록이 있다.

"옛날에 황제(黃帝)라는 분이 있었는데 태어나면서부터 매우 총명하여 갓난아기 때에 능히 말을 하였고, 어려서부터 사물을 이해하는 데 매우 빨랐으며, 자라면서 성실하고 영민(靈敏)하였으며, 성년이 된 후에는 천자에 등극하였다.

황제가 천사(天師: 기백)에게 묻기를, 제가 듣기에 상고 시대 사람들은 나이가 모두 백 살이 넘어서도 동작에 노쇠함이 없었다고 하였습니다. (그러나) 지금 사람들은 오십 살만 되어도 동작이 모두 노쇠해지는데, 이는 시대가 다르기 때문입니까? 아니면 사람들이 양생(養生)의 법도를 잃었기 때문입니까?'

"기백이 대답하기를, 상고 시대 사람들은 양생의 법도를 아는 사람들로서 음양을 본받고 양생(養生)의 방법에 화합하였으며, 음식물의 섭취에 절제가 있었고 기거에도 일정함이 있어서 함부로 과로하지 않았으므로, 신체와 정신이 고루 갖추어져 천수를 모두 누릴 수 있었고 백 살이 넘어서야 세상을 떠났던 것입니다. (그러나) 지금의 사람들은 그렇지 못하여 술을 물처럼 마시고 망령됨을 일상으로 삼으며, 술에 취하여서도 입방(성교)하여 욕정으로써 정기를 고갈시키고, 좋아하는 것으로써 진기를 흩트리니, 정기를 충만하게 유지할 줄 모르고 정신을 잘 다스리지 못하며, 그 마음을 유쾌하도록 하는 데만 힘써서 양생의 즐거움을 거스르고 기거에 절도가 없습니다. 그러므로 오십 살만 되어도 노쇠합니다."[142]

"昔在黃帝, 生而神靈, 弱而能言, 幼而徇齊, 長而敦敏, 成而登天. 乃問於天師曰: 余聞上古之人, 春秋皆度百歲, 而動作不衰; 今時之人, 年半百而動作皆衰者, 時世異耶, 人將失之耶?"

"岐伯對曰: 上古之人, 其知道者, 法於陰陽, 華語術數, 食飮有節, 起居有相, 不妄作動, 故能形與神俱, 而盡終其天年, 度百歲乃去. 今時之人不然也, 以酒爲漿, 以妄爲常, 醉以入房, 以欲竭其精, 以耗散其眞, 不知持滿, 不時御神, 務快其心, 逆於生樂, 起居無節, 故半百而衰也."[143]

또한 상고천진론편(上古天眞論篇) 제1, 제4장에는 아래와 같은 기록이 있다.

---

142 裵秉哲 譯, 『今擇 黃帝內經 素問』(서울: 成輔社, 1999), pp.48-50.
143 홍원식, 『黃帝內經素問』, pp.17-18.

"황제(黃帝)가 말하기를, 제가 듣건대 상고 시대에는 '진인(眞人)'이라고 불리는 사람들이 있어 천지의 변화 규율을 파악하고 음양의 변화를 파악하였으며, (천지의) 정기를 호흡하고 (보통 사람들과는 다르게) 홀로 서서 정신을 안으로 지키고 기육(肌肉)을 한결같이 유지하였으므로 그 수명이 천지가 다하도록 끝이 없었다고 하였는데, 이는 양생의 도와 더불어 사는 것입니다.

중고 시대에는 '지인(至人)'이라 불리는 사람들이 있어 덕을 두텁게 (양생의) 도를 온전히 하여 음양의 변화에 화합하고 사계절의 변화에 순응하였으며, 세속을 벗어나 정을 쌓고 신을 온전히 함으로써 (그 정신이) 천지 사이에 왕래하고 입방의 밖까지 보고들을 수 있었다고 하는데, 그는 수명을 보고 (몸을) 강건하게 한 것이니 역시 '진인(眞人)'에 귀속됩니다.

그 다음으로는 '성인(聖人)'이라 불리는 사람이 있어 천지의 조화 속에 살면서 입풍변화(入風變化)의 이치에 순응하고, 세속에서 좋아하고 바라는 바[기욕(嗜慾)]를 적절하게 하여 노여워하는 마음을 갖지 않았으며, 행동은 세속을 벗어나려고 하지 않으나 거동은 세속에서 본받으려 하지 않으며, 밖으로는 고된 일로 몸을 힘들게 하지 않고 안으로는 (과도한) 생각으로 근심이 없도록 하였으며, 마음이 편안하고 즐겁도록 힘쓰고 스스로 얻는 것을 공으로 삼음으로 형체가 쇠약해지지 않고 정신이 흩어지지 않아 역시 100세 이상 살 수 있었다고 합니다.

그 다음은 '현인(賢人)'이라 불리는 사람들이 있어, 천지의 변화를 본받고, 해와 달(의 차고 기움)을 본떴으며, 성신(星辰)을 변별하여 나열하였고, 음양의 성쇠(盛衰)에 따라 거역 혹은 순종하였으며, 사계절을 분별하여 상고 시대의 진인들을 따라 양생의 법도에 부합하려 하였으니, 또한 수명을 더할 수는 있었으나 한계에 달하는 때(죽는 때)가 있었다고 합니다."[144]

"黃帝曰: 余聞上古有眞人者, 提挈天地, 把握陰陽, 呼吸精氣, 獨立守神, 肌肉 若一, 故能壽敝天地, 无有終時, 此其道生. 中古之時, 有至人者, 淳德全道, 和於陰陽, 調於四時, 去世離俗. 積精全神, 游行天地之間, 視聽八達之外, 此蓋益其壽命而强者也, 亦歸於眞人. 其次有聖人者, 處天地之和, 從八風之理, 適嗜慾於世俗之間, 无恚嗔之心, 行不欲離於世, 被服章, 舉不欲觀於俗, 外不勞形於事, 內无思想之患, 以恬愉爲務, 以自得爲功, 形體不敝, 精神不散, 亦可以百數. 其次有賢人者, 法則天地, 象似日月, 辯列星辰, 逆從陰陽, 分別四時, 將從上古合同於道, 亦可使益壽而有極時."[145]

위의 기록을 살펴볼 때 인간의 수명이 세월이 흐르면서 변해 왔음을 알 수 있다. 즉, 고대(古代)의 인류는 더욱 장수했으며, 『황제내경』이 기록되는 당대에 와서는 그 평균 수명이 50여 세 정도로 감소되었음을 알 수 있다.

---

144 裵秉哲 譯, 『今譯 黃帝內經 素問』, pp.53-55.
145 홍원식, 『黃帝內經素問』, pp.21-22.

이러한 기록이 성경과는 어떤 연관성을 지니고 있을까?

성경과 인간의 수명 변화

상고천진론편(上古天眞論篇) 제1, 제4장의 기록은 마치 창세기 1장에서 11장에 기록되어 있는 고대 인류의 모습을 대하는 것 같다. 즉, 상고(上古)의 진인(眞人)은 에덴동산의 아담같이 수명을 누리며, 중고(中古)의 지인(至人)은 타락 후의 아담에서부터 노아에 이르는 셋 계보의 사람들 같으며, 다음세대의 성인(聖人)은 대홍수 이후 노아의 후손들의 모습 같고, 그 다음세대의 현인(賢人)은 그 수명이 극(極: 허용적 한계 수명)에 이르러 천수(天壽: 120세)를 누리는 아브라함 시대(기원전 2,000년경)를 보는 듯하다.

앞서 언급한 "소문(素問)"의 '상고천진론편(上古天眞論篇)'을 살펴볼 때 현인(賢人)의 시대에 와서는 그 평균 수명[天壽]은 100세가 넘는 것으로 나타나 있다. 그런데 이미 성경에서는 인간의 천수(天壽)가 120세가 될 것을 말씀하셨고[146], 왜 인간의 수명에 감소와 한계적 제한이 나타났는지를 명확하게 밝히고 있다.[147]

"여호와께서 이르시되 나의 영이 영원히 사람과 함께 하지 아니하리니 이는 그들이 육신이 됨이라 그러나 그들의 날은 백이십 년이 되리라 하시니라"(창 6:3).

---

146 손영규, "기독교 세계관과 치유신학", pp.69-72.
147 Ibid., pp.72-92. 참조.

"耶和華說人既屬乎血氣,我的靈就不永遠住在他裏面,然而他的日子還
可到一百二十年"(創世記 6:3).

황제(黃帝)와 기백(岐伯)이 살았던 시대[148]는 현인(賢人)의 시대를 지
나 '범인(凡人)의 시대'였다. 왜냐하면 황제의 시대는 이미 100세를 살
던 시대가 아니요, 반백(半百)의 시대임을 고백하고 있기 때문이다.

일반 역사가들이 추정하는 황제(黃帝)의 시대는 대략 기원전 1800-
1500년경이다. 이때는 성경상 대략 모세(Moss)의 시대(BC 1500)와 동시
대임을 알 수 있다. 왜냐하면 모세 당시의 인간들의 수명이 역시 반백
(半百)을 조금 넘어섰기 때문이다. 즉, 시편 90편에는 하나님의 사람 모
세의 기도가 기록되어 있는데, 그는 그 당시의 범인(凡人)의 수명이 70
세 정도임을 고백하고 있다.

"우리의 연수가 칠십이요 강건하면 팔십이라도 그 연수의 자랑은 수
고와 슬픔뿐이요 신속히 가니 우리가 날아가나이다"(시 90:10).

이상에서도 알 수 있듯 『황제내경』이 언급하고 있는 고대 인류에
대한 기록은 중국 땅에 있었던 '유인원(類人猿)'의 진화된 모습에 대한
신화적(神話的) 기록이 아니고, 에덴과 바벨을 중심으로 살았던 고대 인
류 조상의 모습에 대하여 그들 조상 대대로 전해 내려온 실제 이야기인
것이다.

---

148 물론 실제 황제가 살던 시대가 아니라, 『황제내경』이 기록된 기원 전 4세기경일 수
도 있다.

그러므로 중국 대륙에서 살아가는 모든 인간은 진화론자들이 주장하는 것처럼 북경원인이나 남전원인의 후손이 아니라, '아담과 노아의 후손'임을 입증하고 있다고 본다. 그리고 그 조상들의 이야기가 세월이 흐르면서 각색되거나 더러는 왜곡되어 전설과 설화 형태로 전해져 온 것이다.

4) 『황제내경』의 저작 배경과 성경

『황제내경』의 저작 배경

『황제내경』 "소문(素問)"의 상고천진론편(上古天眞論篇) 제1장은 『황제내경』의 전체 글 중에서 가장 먼저(最古) 기록된 글이자, 맨 처음 자리에 기록되어 있는 서문(序文)과 같은 글로서, 황제내경(醫書)이 어떻게 만들어졌는지에 대한 실마리를 제공한다. 즉, "내가 듣건대"라는 표현(비록 이러한 표현이 중국 고문에서 나타나는 일반적인 표현 방식이라 할지라도)을 통해 이 의학 서적이 '고대로부터 전해 내려오는 지혜들'을 모아 인간의 수명·건강·질병·치료 및 예방 등에 관하여 기록한 책(醫書)임을 알 수 있다.

또 한편으로는 중국을 중심으로 한 광활한 지역의 자연환경 속에서 생활의 지혜로 얻어진 경험의술(經驗醫術)이 함께 구성되어 있음을 알 수 있다.[149]

---

[149] 程士德 · 孟景春 編, 『內經講義』, p. 2.

"소문(素問)"의 이법방의론(異法方宜論)에 보면, 다음과 같은 글이 있다.

"동방(東方)의 땅(地)은 해빈(海濱)에 면접(面接)하여 종기(腫氣) 같은 것이 많았으므로 폄석(砭石)에 의한 외과적 요법이 발달하였고, 서방(西方)은 산악 지대이므로 약물에 의한 치료법(治法)이 발달하였으며, 북방(北方)은 고원(高原)이므로 한랭(寒冷)하여 뜸(灸)에 의한 자극요법(刺戟療法)이 발달하였고, 남방(南方)은 습기가 많은 토지라서 침술(鍼術)이 발달하였으며, 중앙지(中央地)는 평야이므로 인간이 집중되어 도인안교(導引按蹻)의 기술(技術)이 발달하였다"[150]

이것은 각 지방의 풍토와 민정(民情)에 따라 각기 최적(最適)한 의약술이 발생하였고, 이러한 의술을 모아 하나의 의학으로 체계화한 당시의 경향을 엿볼 수 있게 한다.[151]

『황제내경』의 저작 배경과 성경

우리가 알 수 있는 사실은 '고대(古代)'는 여러 시대로 '동일하지 않은 여건' 속에서, 그 '평균 수명이 동일하지 않은 시대들'을 지내 왔다는 것이다. 이에 대한 뚜렷한 증거를 우리는 성경(특히, 창세기)을 통해서 알 수 있다.

---

150 강효신, 『東洋醫學槪論』, p.1.
151 Ibid..

그러므로 한의학의 기초 이론과 원리를 담고 있는 『황제내경』(黃帝內經)의 가장 근본적인 부분은, 바벨 사건 이후 흩어졌던 노아의 후손들 중 중국 지역으로 동진(東進)해 온 자들에 의해 엮어진 것으로, 창세 이후로부터 전해 내려오는 '조상들의 지혜'를 바탕으로 하고 있다는 사실이다. 이것은 곧 '하나님(上帝)께로부터 비롯된 지혜'임을 의미한다.

아울러 중국을 중심으로 한 광활한 지역의 자연환경 속에서 '생활의 지혜로 얻어진 경험의술'도 큰 역할을 했음을 알 수 있다. 그러나 그것도 하나님께서 주신 것임을 알아야 할 것이다. 하나님께서는 당신이 창조한 모든 인간에게 '일반계시'를 통하여 당신의 존재를 깨닫게 하셨다.

"우주와 그 가운데 있는 만물을 지으신 하나님께서는 천지의 주재시니 손으로 지은 전에 계시지 아니하시고 또 무엇이 부족한 것처럼 사람의 손으로 섬김을 받으시는 것이 아니니 이는 만민에게 생명과 호흡과 만물을 친히 주시는 이심이라 인류의 모든 족속을 한 혈통으로 만드사 온 땅에 살게 하시고 그들의 연대를 정하시며 거주의 경계를 한정하셨으니 이는 사람으로 혹 하나님을 더듬어 찾아 발견하게 하려 하심이로되 그는 우리 각 사람에게서 멀리 계시지 아니하도다 우리가 그를 힘입어 살며 기동하며 존재하느니라 너희 시인 중 어떤 사람들의 말과 같이 우리가 그의 소생이라 하니 이와 같이 하나님의 소생이 되었은즉 하나님을 금이나 은이나 돌에다 사람의 기술과 고안으로 새긴 것들과 같이 여길 것이 아니니라 알지 못하던 시대에는 하나님이 간과하셨거니와 이제는 어디든지 사람에게 다 명하사 회개하라 하셨으니 이는 정하신 사람으로 하여금 천하를 공의로 심판할 날을 작정하시고 이에 그를 죽은 자 가운데서 다시 살리신 것으로 모든 사람에게 믿을 만한 증거를 주셨음이니라"(행 17:24-31).

2. 천인합일 사상의 성경적 이해

1) 『황제내경』의 천인합일 사상

"소문(素問)"의 보명전형론편(寶命全形論篇) 제1장을 보면, 다음과 같은 기록이 있다.

"황제가 묻기를, 하늘이 (위에서) 덮고 땅은 (아래에서) 싣고 있어 만물이 모두 구비되는데, 사람보다 귀한 것은 없습니다. 사람은 천지의 기(氣)에 의해 생하고 사시(四時)의 (운행) 법칙에 따라 형성되는데…"[152]

"黃帝問曰: 天覆地載, 萬物悉備, 草貴於人, 人以天地之氣生, 四時之法成…"[153]

---

152   裵秉哲 譯, 『今擇 黃帝內經 素問』, p.281.
153   홍원식, 『黃帝內經素問』, p.157.

이것은 곧, 자연계에 만물이 있지만 인간이 가장 고귀하며, 인간은 자연계의 작용에 의존함으로써 생명이 유지되고, 사계(四季)의 생(生)장(長)·수(收)·장(藏)이라는 자연의 법칙에 순응하면서 생명활동을 유지한다는 것이다.

또한 『황제내경(黃帝內經)』 "영추(靈樞)"의 사객(邪客) 제71, 제2장에는 이런 내용이 있다.

> "황제(黃帝)가 백고(伯高)에게 묻기를, 인체의 사지백절(四肢百節)은 천지(天地)와 어떻게 상응합니까?
>
> 백고(伯高)가 대답하기를, 하늘은 둥글고 땅은 네모나 있는데, 사람의 머리는 둥글고 발은 네모져 천지와 상응합니다. 하늘에 해와 달이 있듯이 사람에게는 두 눈이 있고, 땅에 구주(九州)가 있듯이 인체에는 구규(九竅)가 있으며… 이것은 인체와 자연계가 상응하는 것들입니다.[154]
>
> "黃帝問於伯高曰 : 願聞人之肢節, 應天地奈何?
>
> 伯高答曰 : 天圓地方, 人頭圓足方以應之, 天有日月, 人有兩目 ; 地有九州, 人有九竅…. 此人與天地相應者也."[155]

---

154 裵秉哲 譯, 『今擇 黃帝內經 : 靈樞』, pp.515-516.
155 홍원식, 『黃帝內經靈樞』(서울: 전통문화연구회, 1995), pp.451-452.

이것은 곧, 인체와 생명 현상을 유지하는 모든 것이 다 천지운행 이치와 상응하여 영위되고 있음을 의미한다. 그러므로 자연의 이치로 인체 생리 체계의 모형을 구성하여, 한의학 특유의 생리 체계적 기초이론을 이루고 있는 것이다.

그렇다면 이 천인합일(天人合一) 사상은 성경과 무슨 관련이 있는 것인가?

2) 천인합일 사상과 성경

성경을 살펴보면, 『황제내경』에서 언급하고 있는 천인합일 사상의 모든 이치가 이미 담겨 있음을 알 수 있다.

"태초에 하나님이 천지를 창조하시니라"(창 1:1).

"하나님이 이르시되 물 가운데에 궁창이 있어 물과 물로 나뉘라 하시고… 하나님이 궁창을 하늘이라 부르시니라…"(창 1:6,8).

"하나님이 이르시되 하늘의 궁창에 광명체들이 있어 낮과 밤을 나뉘게 하고 그것들로 징조와 계절과 날과 해를 이루게 하라"(창 1:14).

"여호와 하나님이 땅의 흙으로 사람을 지으시고 생기를 그 코에 불어넣으시니 사람이 생령(生靈)이 되니라"(창 2:7).

"하나님이 이르시되 우리의 형상을 따라 우리의 모양대로 우리가 사람을 만들고 그들로 바다의 물고기와 하늘의 새와 가축과 온 땅과 땅에 기는 모든 것을 다스리게 하자 하시고 하나님이 자기 형상 곧 하나님의 형상대로 사람을 창조하시되 남자와 여자를 창조하시고 하나님이 그들에게 복을 주시며 하나님이 그들에게 이르시되 생육하고 번성하여 땅에 충만하라, 땅을 정복하라, 바다의 물고기와 하늘의 새와 땅에 움직이는 모든 생물을 다스리라 하시니라"(창 1:26-28).

위의 말씀은 하나님(上帝)께서 땅(地)의 흙먼지(塵土)로 인간을 지으셨다고 기록하고 있다. 천지만물도 하나님께서 지으셨는데, 하늘과 땅과 바다와 일월성신뿐 아니라 동물과 식물 등 모두가 인간의 삶과 밀접히 관련되어 있음을 기록하고 있다(창 1:3-25).

그 모든 만물 중에서 인간을 가장 존귀한 존재로 지으셨으니, 곧 '하나님의 형상'대로 지으셨다고 기록하고 있다(창 1:26-27). 그러므로 인간에게 천지만물을 다스릴 권세를 아울러 주셨던 것이다(창 1:26-28). 인간은 생육하고 번성하여 땅에 충만하고, 땅을 정복하고 모든 생물을 다스릴 능력을 부여받고 창조된 것으로, 원래는 썩지 아니할 존재로 창조되었다(참조: 고전 15장). 그러나 언제부터인가 썩지 아니할 것으로 지어진 인간이 썩을 것으로, 죽지 아니할 인간이 죽을 것으로 순식간에 모두 변해 버렸다고 성경은 또한 기록한다(참조: 창 3:19; 고전 15장). 또다시 인간의 죄악으로 '하나님의 신(靈)'이 인간에게서 떠나감으로 인간은 '육체'가 되어(창 6:1-3) 하나님의 진노를 초래하였고, 그 결과 자연의 대변화를 초래하게 되었으며, 천지만물을 정복하고 다스릴 권세를 잃어

버리고 천지의 운행 이치 속에, 사계의 순환 속에, 자연에 순응하여 살아갈 수밖에 없는 존재가 되고만 것이다(참조: 창 8:22).[156]

그러므로 『황제내경』은 단지 타락 이후, 특히 노아 홍수 이후의 자연상과 인간상을 기술하고 있는 반면에, 성경은 삼라만상과 인간이 '왜?', '어떻게?' 변하게 되었는지를 명확히 기록하고 있음을 알 수 있다.

"네가 흙으로 돌아갈 때까지 얼굴에 땀을 흘려야 먹을 것을 먹으리니 네가 그것에서 취함을 입었음이라 너는 흙이니 흙으로 돌아갈 것이니라 하시니라"(창 3:19).

"땅이 있을 동안에는 심음과 거둠과 추위와 더위와 여름과 겨울과 낮과 밤이 쉬지 아니하리라"(창 8:22).

하나님이 노아와 그 아들들에게 복을 주시며 그들에게 이르시되 생육하고 번성하여 땅에 충만하라"(창 9:1).

그러므로 『황제내경』과 성경의 연관성을 살펴볼 때, 『황제내경』에서는 자연과 인간의 조화와 불균형이 자연계에 존재하고 있으며, 하늘

---

156 타락 이전, 인간이 처음으로 창조될 당시에는 생육하고 번성하여 땅에 충만했으며, 땅을 정복하고 모든 생물을 다스릴 수 있는 권세가 있었다(창 1:28). 그러나 타락 이후, 특히 대홍수 이후 하나님께서 인간들에게, "생육하고 번성하여 땅에 충만하라"고만 말씀하셨음을 볼 수 있다(창 9:1). 썩지 아니할 몸으로 자연을 초월하여 자연을 정복하고 다스릴 인간이, 타락 이후 썩어질 몸으로 변화하여 자연에 순응하여 흙으로 왔다가 흙으로 돌아갈 수밖에 없는 인생이 된 것이다.

과 인간이 서로 상응(相應)하는 것이 건강을 유지하는 도리라고 주장한다. 그러나 성경에서는 『황제내경』의 그러한 모든 개념을 포함하면서, 그보다 더 근본적인 해답으로 천지운행과 천지상응(天人相應)의 주체가 자연의 한 부분에 속하는 '하늘[天]'이나 인간이 아니라, 살아 역사(役事)하시는 '실존의 하나님'이라고 명확히 밝히고 있다. 그러므로 인간은 자연에 순응하여 자연의 이치를 따라 살아야 하면서도, 더 고차원적 질서에 속한 '하나님의 지식'을 따라 살아야 한다.

"여호와를 경외하는 것이 지식의 근본이거늘…"(잠 1:7).

"여호와를 경외하는 것은 생명의 샘이니 사망의 그물에서 벗어나게 하느니라"(잠 14:27).

『황제내경』은 천지만물 중에서 '인간이 가장 존귀한 존재'라는 기본 사상 아래 병들고 상처받은 인간을 치료하고 돌보아야 함을 가르치고 있다. 그러나 '신선(神仙)이 사는 세계'를 추구하는 '도교의 인간관'과, 모든 만물의 존재가 서로 돌고 도는 '윤회의 세계'를 주장하는 힌두교의 영향을 받은 '불교의 인간관' 등에서는 천지간(天地間)의 모든 피조물 중에서 '인간이 가장 존귀한 존재'라는 『황제내경』의 주장은 나올 수가 없다. 보명전형론편(實命全形論篇) 제1장의 글은 『황제내경』 중에서도 음양오행설의 영향이나 다른 종교·철학적 사상의 영향을 받지 않은 초기에 기록된 글에 속하기 때문이다.

3. 음양오행설의 이해

〈그림 3-1〉 음양팔괘도[157]

157 중국 산동성 청도시 산동성 청도 노산(嶗山) 태평궁(太平宮)의 음양팔괘도

1) 『황제내경』과 음양오행설

음양오행설은 한의학의 기초 원리이다. 한의학의 자연관과 인체의 생리·병리·진단·치료 및 약물 등에 대한 이론은 모두 음양오행설에 의하여 설명된다.

한의학의 기초 이론은 대부분 중국의 전국시대에 완성되었다. 그 당시는 음양오행설이 사상계(思想界)의 주류를 이루고 있었기 때문에, 의학자들은 이 학설을 인용하여 그 이전부터 전해 내려오던 경험적 의술들을 집대성하여 체계적인 한의학으로 발전시켰다.[158]

『황제내경』의 음양오행설 도입 시기

사실 "소문(素問)"의 전기(前記) 부분의 내용에는 음양오행을 설명하는 부분과 설명하지 않는 부분이 있다. 음양오행설은 전국시대의 인물인 추연(鄒衍)에 의하여 발전되고 완비되었다. "소문" 중에서 음양오행에 대한 설명이 없는 부분은 비교적 오래 전에 저작된 것이며, 음양오행을 설명한 부분은 추연의 만년이나 추연 이후에 저작된 것이라 할 수 있다. 음양오행을 말하지 않는 부분은 아마도 기원전 4세기경의 저작이며, 음양오행을 설명하고 있는 부분은 기원전 3세기 중엽의 저작이라고 볼 수 있다.[159] 그러므로 『황제내경』에서 음양오행설이 도입되어 자리 잡게 된 시기는 기원전 3세기 중엽 이후에서부터일 것으로 추론된다.

---

158 강효신, 『東洋醫學槪論』, p.11.
159 龍伯堅, 『黃帝內經槪論』, p.35.

『황제내경』의 음양오행설 도입과 발전

음양오행설은 원래 음양설과 오행설의 독립된 두 파(派)로 나뉘어 있었다. 음양설을 주장하는 학파를 '음양가(陰陽家)', 오행설을 주장하는 학파를 '오행가(五行家)'로 불렀다. 이 두 파의 설(說)이 처음으로 나타났을 무렵의 음양(陰陽)과 오행(五行)이란, 우주에 대한 일반 인식으로서 경험을 통하여 산출된 것이었다. 그것이 추연(鄒衍)에 와서 두 파(派)의 학설이 결합되어 하나의 유기적인 이론 체계가 되었던 것이다. 이 이론 체계는 여러 학파에 수용되어 그들 학파의 학술에 있어서 여러 문제를 해석하는 수단이 되었다.[160]

의학과의 관계에서 의술가는 먼저 오래 전부터 전해 내려온 의료의 실천 경험이 있으며, 춘추시대 말기(기원전 5세기 전반)에 이르러 처음으로 음양 이론을 도입하여 사용하기 시작했다. 전국시대 후기(기원전 3세기 전반)에 와서야 겨우 그 무렵 새롭게 부흥한 음양오행설을 모두 받아들여 이용하고 새로이 발전시켜, 의학상의 여러 문제를 해석하고 의학의 이론 체계를 구축했다고 본다. 『황제내경』의 음양오행설이 이렇게 도입되었을 것이라는 근거는 기원전 5세기 전반의 사람이었던 편작(扁鵲)과 조간자(趙簡子)의 『사기(史記)』 "편작전(扁鵲傳)"에 기재되어 있는 치료 사례를 보면 알 수 있다. 즉, 그곳에 기록된 두 가지의 치료 사례를 보면, 음양은 거론되고 있지만 오행(五行)은 거론되고 있지 않다. 한편 기원전 2세기 한나라 문제(文帝) 시대의 사람인 창공(倉公)에 관한 기록이 『사기(史記)』 "창공전(倉公傳)"에 기록되어 있는데, 창공(倉公)의

---

160 Ibid., p.107.

26종의 치료 사례에는 음양(陰陽)과 오행(五行)이 모두 거론되어 있음을 볼 수 있다. 그러므로 의술가가 음양오행설을 받아들여 이용한 것은 전국시대임을 알 수 있다. 그리고 이미 설명한 대로 『황제내경』의 주요 부분은 전국시대에 저작되었다.[161]

그 후 음양오행설의 의학에의 적용은 더욱 발전되어, 동한(東漢)의 장중경(張仲景)은 "내경(內經)"의 이론을 기초로 하여 『상한잡병론(傷寒雜病論)』을 저술하고, 그 서문에 "소문(素問), 구권(九卷), 팔십일난(八十一難), 음양대론(陰陽大論), 태려(胎臚), 약록(藥錄)과 평맥변증(平脈辨證)을 선용(選用)해서 『상한잡병론(傷寒雜病論)』 십육권(十六卷)을 만들었다"고 기술하였다. 이 책은 이론과 실제를 결합한 최초의 한의학 임상서(臨床書)다. 장중경은 상한론의 육경증치(六經證治)와 잡병론(雜病論)을 금궤요략(金匱要略)에 음양오행 운용을 활용한 실례로 설명해 놓음으로써 한의학의 의료 규범을 확립하였다.[162]

『황제내경』과 도가와의 관계

고대의 의술가(醫術家)와 신선가(神仙家)는 밀접하게 결합되어 있었다. 왜냐하면 의술가가 목표로 하는 '연년익수(延年益壽)'와 신선가가 목표로 하는 '장생불로(長生不老)'는 본래 같은 것이기 때문이다. 『한서(漢書)』의 예문지(藝文志) '방기략(方技略)'에 의경(醫經)·경방(經方)·방중(房中)·신선(神仙)의 4가(四家)가 함께 열거되어 있는 것도 그 때문이

---

161 Ibid., pp.107-108.
162 강효신, 『東洋醫學槪論』, p.11.

다. 이미 앞에서도 언급했듯이 전국시대에 의술가이자 도가였던 추연은 '음양'과 '오행'을 결합하여 하나의 이론체계를 만들어 냈을 뿐 아니라, 음양오행설을 의학상의 각종 문제를 해석하는 데 이용한 최초 인물로 여겨진다.[163] 그러므로 『황제내경』에도 음양오행설의 도입과 더불어 도가(道家) 사상이 자연스럽게 자리하게 되었다.

특히 현존하는 가장 오래된 『황제내경』 주석가 양상선(楊上善)과 현존하는 가장 오래된 『황제내경』 "소문"을 편찬하고 주를 붙인 왕빙은, 현존하는 『황제내경』에 실제적으로 가장 강력한 영향을 끼친 인물들인데, 이들 모두가 노자 사상에 심취했던 인물이었다. 그러므로 한의학은 그 발전 과정에서 도가의 영향력을 강하게 받았다.

음양의 기본 개념

음양(陰陽)의 기본 개념은 음양의 대립(對立)과 호근(互根), 소장(消長)과 평형(平衡) 그리고 음양(陰陽)의 전화(轉化)의 면에서 설명된다.

'소문(素問)'의 음양응상대론편(陰陽應象大論篇) 제5, 제1장에는 다음과 같은 글이 있다.

"황제께서 말하기를, 음양은 자연계의 규율이고, 만물의 강령이며, 변화의 근원이고, 생사의 근본으로서, 신명(만물이 발생·운동·변화하는 역량)이 모여 있는 곳입니다. (따라서) 병을 치료할 때는 반드시 근본

---

163 Ibid..

(음양)에서 찾아야 합니다. 양기(陽氣)가 쌓여 하늘이 되고, 음기(陰氣)가 쌓여 땅이 됩니다. 음은 정적(靜的)이고 양은 동적(動的)이며, 양은 생(生)하게 하고 음은 자라게 하며, 양은 쇠퇴하게 하고 음은 저장(貯藏)하게 합니다. 양은 기(氣)로 변하고 음은 형체를 이룹니다. 한(寒)이 극에 달하면 [전화(轉化)하여] 열(熱)이 발생하고, 열(熱)이 극에 달하면 [전화(轉化)하여] 한(寒)이 발생합니다. 한기(寒氣)는 (응체되므로) 탁음(濁陰)을 생성하고 열기(熱氣)는 (상승하여 퍼지므로) 청양(淸陽)을 생성합니다. (만약) 청기(淸氣)가 (상승하지 않고) 하부에 있으면 손설(飧泄)이 발생하고, 탁기(濁氣)가 (하강하지 않고) 상부에 있으면 복부가 창만(脹滿)하고 답답한 증상[진창(䐜脹)]이 발생합니다. 이는 음양이 뒤바뀌어 질병이 이를 따라 발생한 것입니다."[164]

"黃帝曰: 陰陽者, 天地之道也, 萬物之綱紀, 變化之父母, 生殺之本始, 神明之府也, 治病必求於本. 故積陽爲天, 積陰爲也, 陰靜陽躁, 陽生陰長, 陽殺陰藏, 陽化氣, 陰成形. 寒極生熱, 熱極生寒, 寒氣生濁, 熱氣生淸, 淸氣在下, 則生飧泄, 濁氣在上, 則生䐜脹. 此陰陽反作, 病之逆從也."[165]

'소문(素問)'의 사기조신대론(四氣調大論) 제2장을 보면, 다음과 같은 기록이 있다.

---

164 裵秉哲 譯, 『今擇 黃帝內經 素問』, p.85.
165 홍원식, 『黃帝內經素問』, p.40.

"…사계절의 음양 변화-생(生)·장(長)·수(收)·장(藏)-는 만물의 근본입니다. 따라서 성인은 봄과 여름에는 양기를 보양하고, 가을과 겨울에는 음기를 보양함으로써 그 근본에 순종하였으며, 이런 까닭에 만물과 더불어 생장(生長)의 문(門)[사시음양(四時陰陽)의 변화 속]에서 부침(浮沈)할 수 있었습니다. 그 근본을 거스르면 생명의 근본이 파괴되어 진기(眞氣)[원기(元氣)]가 손상됩니다."[166]

"…夫四時陰陽者, 萬物之根本也. 所以聖人春夏養陽, 秋冬養陰, 以從其根, 故與萬物沈浮於生長之門. 逆其根, 則伐其本, 壞其眞矣."[167]

사기조신대론(四氣調神大論) 제3장을 보면, 다음과 같은 글이 있다.

"그러므로 자연계의 사시음양 변화는 만물의 끝과 시작이자, 생사의 근본입니다. 이러한 법칙을 거역하면 재해가 발생하고, 이러한 법칙을 따르면 중병이 발생하지 않으니, 이를 일어서 득도(得道: 양생의 도를 체득함)라고 합니다. (이러한 양생의) 도를 성인은 행하지만 어리석은 자는 어깁니다."[168]

"故陰陽四時者, 萬物之終始也, 死生之本也. 逆之則災害生, 從之則苛疾不起, 是謂得道…."[169]

---

166 裵秉哲 譯, 『今譯 黃帝內經 素問』, p.62.
167 홍원식, 『黃帝內經素問』, pp.25-26.
168 裵秉哲 譯, 『今譯 黃帝內經 素問』, p.62.
169 홍원식, 『黃帝內經素問』, pp.26-27.

이것은 우주의 모든 만물의 생장발전과 소멸은 언제나 음양 변화의 법칙에 따라 운동하고 있음을 지적하고 있는 것이다. 음(陰)과 양(陽)은 서로 '대립'하면서도 또한 '통일'을 이룬다. 그러나 이러한 조화(調和)가 극(極)하면 음(陰)은 양(陽)으로, 양(陽)은 음(陰)으로 전화하고 그 균형을 잃게 된다. 곧 질병이 일어남도 이에 기인한다. 그러므로 질병의 치료도 근본 원인이 어디에 있는 것인가를 살펴서 치료해야 효과가 있다는 것이다.

〈그림 3-2〉 오장간(五臟間)의 조절(調節) 공제(控制) 관계도[170]

170 程士德 · 孟景春 編, 『內經講義』, p.9.

오행의 기본 개념

오행(五行)이란 목(木)·화(火)·토(土)·금(金)·수(水)를 의미한다. 이것은 최초로 우주의 모든 물질이 이 다섯 가지의 기본 원소로 구성되었다는 것을 말한다. 반고(班固)의 『백호통의(白虎通義)』 "오행편(五行篇)"에 "오행(五行)이란 어떠한 것인가? '오(五)'는 금(金)·수(水)·목(木)·화(火)·토(土)를 가리키는 것이다. '행(行)'이란 천(天)이 기(氣)를 순환시키는 것(움직이는 것)을 말하려 한 것이다"고 했다. 따라서 오행은 운동하면서 휴지(休止)함이 없고 그 운동에는 상생(相生)과 상극(相剋)이 있다.[171] 오행가(五行家)는 오행의 상생상극(相生相剋) 관계로서 사물 간의 상호 관련 및 그 운동의 변화 규율을 해석하기 위한 변화 규율의 수단으로 삼았다.[172]

그러나 우주 속에 존재하는 모든 사물을 오행에 배당하는 것은 일부분은 이해할 수 있을지 몰라도 대부분은 왜 그렇게 배당되는지 이해하기 어렵다. 『상서(尙書)』의 "홍범편(洪範篇)"에서는, 처음에는 오미(五味)를 오행(五行)에 배당하였는데, 그것을 후에 점차로 발전시켜 사시(四時)·사방(四方)·오색(五色)·오음(五音)·오충(五蟲)·오사(五事)오곡(五穀)·오축(五畜)·천간(天干)·지지(地支)·육율(六律)·육여(六呂) 등을 오행에 배당했다. 이들의 배당에는 각 파(派)마다의 의견이 분분하여 일정하지 않았다.[173]

---

171 龍伯堅, 『黃帝內經槪論』, p.121.

172 강효신, 『東洋醫學槪論』, p.18.

173 龍伯堅, 『黃帝內經槪論』, p.109.

『황제내경』에서의 음양오행의 발전이란, 의학상 각종 사물에 대한 음양오행의 배당(配當)이 행해지고 있는 것으로, 그것은 음양오행설이 『황제내경』에서 의학적으로 전문화되었음을 의미한다. 음양의 의학적 배당이란, 예컨대 육부(六腑: 밖으로 통하므로)는 양(陽)으로, 오장(五臟: 안에 있어서 바깥과 통하지 않으므로)은 음(陰)으로, 기(氣: 비교적 가벼운 것)는 양(陽)으로, 혈(血: 비교적 무거운 것)은 음(陰)으로 귀속시킨 규정으로, 이것들은 용이하게 이해할 수 있기 때문에 각 학파의 의견도 의학의 적용에서는 대부분 일치하며 배당도 고정되어 있다.[174]

의학상의 오행의 배당에는 오장(五臟)·오규(五竅)·오체(五體)·오취(五臭)·오성(五性) 및 오지(五志) 등이 있다. 이들이 왜 그렇게 배당된 것인지는 대부분 그 이유를 알 수 없다. 그러나 오장(五臟)과 오행(五行)의 배당은 의학에 있어서 모든 오행(五行) 배당의 기본이 되는 출발점으로서 중요한 문제이다.[175] 이 기본적 원리에 의해서 한의학의 장상학설(藏象學說)이 자리 잡게 되었고, 진단학의 기초를 세우는 데 기여하였다.

『황제내경』 "소문(素問)", 육절장상론편(六節藏象論篇) 제9, 제4장을 보면, 다음과 같은 기록이 있다.

"황제가 말하기를, 훌륭하십니다. 제가 듣기에 (음양의) 기가 결합함에 (만물의) 형체가 있게 되고, (기의) 변화로 인해 만물의 명칭이 바르게

---

174 Ibid., p.110.
175 Ibid..

붙여졌다고 하였습니다. 천지의 기운과 음양의 변화가 만물에 미치는 작용 중에서 어느 것이 적고 어느 것이 많은지 들려주실 수 있겠습니까?

기백이 대답하기를, 상세한 질문입니다. 하늘은 지극히 넓어서 헤아릴 수 없고, 땅 역시 매우 커서 헤아릴 수 없으니, 매우 넓고 심오한 질문을 하셨습니다. 제가 그 이치를 설명해 드리겠습니다. (자연계의) 식물은 다섯 가지 색을 생(生)하는데, 그 오색(五色)의 변화는 (무궁무진하여) 다 볼 수 없습니다. 식물은 다섯 가지 맛을 생(生)하는데, 그 오미(五味)의 미묘함은 (무궁무진하여) 모두 헤아릴 수 없습니다. 사람들의 (五味, 五色에 대한) 기호(嗜好)는 (각기) 다르나, (오색, 오미와 인체의 오장은 어울리는 것끼리) 각기 통하는 바가 있습니다. 하늘은 사람에게 오기(五氣)를 공급하고, 땅은 사람에게 오미를 공급합니다. 오기는 코를 통해(체내로) 들어가 심폐에 저장되는데, 심(心)은 혈을 주관하고 폐는 기를 주관하므로 심폐의 기능이 정상적이면 그 기가 상승하여 (얼굴의) 오색을 밝고 윤택하게 하며 음성이 또렷하도록 합니다. 오미는 입을 통해 (체내로) 들어가서 장위(腸胃)에 저장되는데, (소화, 흡수 과정을 거쳐) 오미의 정미(精微)로움이 오장에 저장되는 바가 있어 오장의 기를 길러 줍니다. 오장의 기가 조화를 이루어 생사작용을 하면 진액(津液)이 생성되며 (이로 인해 정기가 충만해지면) 신기(神氣)가 저절로 생깁니다."[176]

---

176 Ibid., p.136.

"帝曰: 善. 余聞氣合而有形, 因變以正名. 天地之運, 陰陽之化, 其於萬物, 孰少孰多, 可得聞乎?

岐伯曰: 悉哉問也 天至廣不可度, 地至大不可量, 大神靈問, 請陳其方. 草生五色, 五色之變, 不可勝視: 草生五味, 五味之美, 不可勝極, 嗜欲不同, 各有所通. 天食人以五氣, 地食人以五味, 五氣入鼻, 藏於心肺, 上使五色脩明, 音聲能彰. 五味入口, 藏於腸胃, 味有所藏, 以養五氣, 氣和而生, 津液相成, 神乃自生."[177]

"소문(素問)" 선명오기론편(宣明五氣論篇) 제23에는 다음과 같은 기록이 있다.

"오미(五味)가 [위에 들어간 후 각기 상응하는 장부(臟腑)로] 귀입(歸入)하는 바 : 산미(酸味)는 간(肝)으로 들어가고, 신미(辛味)는 폐(肺)로 들어가며, 고미(苦味)는 심(心)으로 들어가고, 함미(鹹味)는 신(腎)으로 들어가며, 감미(甘味)는 비(脾)로 들어가는데, 이를 '오입(五入)'이라 합니다.

오장(五臟)의 정기(精氣)가 한 곳으로 몰리는 바: (오장의) 정기(精氣)가 심장(心)으로 몰리면 [심기(心氣)가 지나치게 실(實)해져] 잘 기뻐하고, 폐(肺)로 몰리면 [폐기(肺氣)가 지나치게 실해져] 잘 슬퍼하며, 간(肝)으로

---

177   홍원식, 『黃帝內經素問』, pp.65-66.

몰리면 [간기(肝氣)가 지나치게 실해져] 화를 잘 내고, 비장(脾)으로 몰리면 [비기(脾氣)가 지나치게 실해져] 생각이 과도해지며, 신장(腎)으로 몰리면 [신기(腎氣)가 지나치게 실해져] 잘 두려워하는데, 이를 '오병(五幷)'이라고 합니다. 그러므로 오장(五臟)이 허(虛)해지면 정기(精氣)가 한 곳(臟)으로 몰린 것입니다.

오미(五味)가 금하는 바: 신미(辛味)는 기분(氣分)으로 들어가므로 기병(氣病) 환자는 신미(辛味)를 많이 먹어서는 안 되고, 함미(鹹味)는 혈분(血分)으로 들어가므로 혈병(血病) 환자는 함미(鹹味)를 많이 먹어서는 안 되며, 고미(苦味)는 골(骨)로 들어가므로 골병(骨病) 환자는 고미(苦味)를 많이 먹어서는 안 되고, 감미(甘味)는 기육(肌肉)으로 들어가므로 육병(肉病) 환자는 감미(甘味)를 많이 먹어서는 안 되며, 산미(酸味)는 근(筋)으로 들어가므로 근병(筋病) 환자는 산미(酸味)를 많이 먹어서는 안 됩니다. 이를 '오금(五禁)'이라고 하는데, 많이 먹도록 해서는 안 됩니다.

오병(五病)이 발생하는 바: 음병(陰病)은 골(骨)에 발생하고, 양병(陽病)은 혈(血)에 발생하며, 음병(陰病)은 육(肉)에 발생하고, 양병(陽病)은 겨울에 발생하며, 음병(陰病)은 여름에 발생하는데, 이를 '오발(五發)'이라고 합니다."[178]

---

178 裵秉哲 譯, 『今擇 黃帝內經 素問』, pp.270-274.

"五味所入: 酸入肝, 辛入肺, 苦入心, 鹹入腎, 甘入脾, 是謂五入.

五精所幷: 精氣幷於心則喜, 幷於肺則悲, 幷於肝則憂, 幷於脾則畏, 幷於腎則恐, 是謂五幷, 虛而相幷者也.

五味所禁: 辛走氣, 氣病無多食辛, 鹹走血, 血病無多食鹹:苦走骨, 骨病無多食苦:甘走肉, 肉病無多食甘:酸走筋, 筋病無多食酸 : 是謂五禁, 無令多食.

五病所發: 陰病發於骨, 陽病發於血, 陰病發於肉, 陽病發於冬, 陰病發於夏, 是謂五發…"[179]

"소문(素問)" 조경론편(調經論篇) 제62는 다음과 같다.

"황제가 말하기를, 인체에는 정(精)·기(氣)·진(津)·액(液), 사지(四肢)·구규(九竅), 오장(五臟)·16부(部), 365절(節)이 있어 온갖 질병이 발생할 수 있는데, 각종 질병이 발생하면, 모두 허실(虛實) 변화가 있습니다. 지금 선생께서 남아도는 것에 다섯 가지가 있고, 부족한 것에 다섯 가지가 있다고 말씀하셨는데, 이들은 어떻게 해서 발생합니까?

기백이 내답하기를, 모두 오장에서 발생합니다. 심(心)은 신(神)을 저

179 홍원식, 『黃帝內經素問』, pp. 150-153.

장하고, 폐(肺)는 기(氣)를 저장하며, 간(肝)은 혈(血)을 저장하고, 비(脾)는 육(肉)을 주관하며, 신(腎)은 지(志)를 저장하여 이들이 형체를 이룹니다. [선천(先天)의] 신기(腎氣)와 [후천(後天)의] 비기(脾氣)가 통하면 내부의 골수(骨髓)와 연계되어 형체(形體)와 오장(五臟)이 이루어집니다. 오장(五臟)의 통로는 모두 경수(經隧)에서 나오며 이를 통해 기혈(氣血)이 운행되는데, (만약) 기혈이 조화롭지 않으면 온갖 병이 곧 변화하고 발생하므로 경수(經隧)를 보호해야 합니다."[180]

"… 帝曰: 人有精氣津液, 四支九竅, 五藏十六部, 三百六十五節, 乃生百病, 百病之生, 皆有虛實, 今夫子乃言有餘有五, 不足亦有五, 何以生之乎?

岐伯曰: 皆生於五藏也. 夫心藏神, 肺藏氣, 肝藏血, 脾藏肉, 腎藏志, 而此成形, 志意通, 內連骨髓, 而成身形五藏. 五藏之道, 皆出於經隧, 以行血氣, 血氣不和, 百病乃變化而生, 是故守經隧焉."[181]

이와 같이 의학에서의 음양오행 응용은 오행의 생극도리(生剋道理)를 운용해서 인체 내장의 상호자생(相互資生)과 상호제약(相互制約) 하는 관계를 설명한다. 또한 오행의 귀류법(歸類法)으로 인체의 각 부분의 사이와 나아가서는 인간과 외적 환경과의 사이에 상호연락(相互絡)하는 관계를 설명한다.[182]

180　裵秉哲 譯, 『今擇 黃帝內經 素問』, pp.533-534.

181　홍원식, 『黃帝內經素問』, pp.345-346.

182　강효신, 『東洋醫學槪論』, p.18.

<표 3-1> 상징적 상관관계들[183]

행(行)	계절(時)	방위(方)	맛(味)	냄새(臭)	10간 (10의 순환적 기호들)(干)	12지 및 연관된 동물들(支)	수(數)
목(木)	춘(春)	동(東)	신맛(酸)	누린내(羶)	갑을(甲乙)	인(寅), 묘(卯)	8
화(火)	하(夏)	남(南)	쓴맛(苦)	매운내(焦)	병정(丙丁)	우(午), 사(巳)	7
토(土)	_a)	중(中)	단맛(甘)	향기로운 냄새(香)	무기(戊己)	술(戌), 축(丑) 미(未), 진(辰)	5
금(金)	추(秋)	서(西)	매운맛(辛)	고약한 냄새(腥)	경신(庚辛)	유(酉), 신(申)	9
수(水)	동(冬)	북(北)	짠맛(鹹)	썩은내(朽)	임계(壬癸)	해(亥), 자(子)	6

행(行)	음(音)	별자리 28수(宿)	천체(辰)	행성(星)	기후(氣)	나라(國)
목(木)	각(角)	1-7	별(星)	목성(木星)	바람(風)	제(齊)
화(火)	치(徵)	22-28	해(日)	화성(火星)	더위(暑)	조(楚)
토(土)	궁(宮)	-	지구(地球)	토성(土星)	천둥(雷)	주(周)
금(金)	상(商)	15-21	별자리(宿)	금성(金星)	추위(寒)	진(秦)
수(水)	우(羽)	8-14	달(月)	수성(水星)	비(雨)	연(燕)

---

183 조셉 니덤, 『중국의 과학과 문명: 사상적 배경』, p.202.

<표 3-2> 상징적 상관관계들[184]

행(行)	통치자(帝)[b]	음양(陰陽)	인간의 심리적 신체적 기능(事)	통치양식(政)	오사(祀)	정부부처(部)	색(色)	기구(器)
목(木)	우(하왕조)	양중음(陽中陰) 또는 소양(少陽)	모습(貌)	관대(寬)	안문	농업(同農)	청(靑)	컴퍼스
화(火)	문왕(주왕조)	양(陽) 또는 태양(太陽)	시각(視)	계몽(明)	부엌	전쟁(同馬)	주(朱)	분동과 자
토(土)	황제(왕조 이전)	균형	사고(思)	공손(恭)	안뜰	수도(首府)	황(黃)	측연선(測鉛線)
금(金)	성탕(상왕조)	양중음(陽中陰) 또는 소음(少陰)	말(言)	활력(力)	바깥문	법률(同徒)	백(白)	T형 자
수(水)	시황제(진왕조)	음(陰) 또는 태음(太陰)	청각(聽)	고요(靜)	우물	작업(同空)	흑(黑)	저울

행(行)	동물분류(蟲)	곡식(穀)	내장(臟)	신체의 부분(體)	감각기관(官)	감정적 상태(志)
목(木)	비늘(어류)	보리	비장	근육	눈	화냄(怒)
화(火)	날개(조류)	콩	폐	(힘줄)	혀	즐거움(樂)
토(土)	알몸(인류)	피	심장	살	입	희망(希)
금(金)	털(포유류)	삼(마)	신장	피부와 머리카락	코	슬픔(哀)
수(水)	껍질(무척추동물)	기장	간	뼈	귀	두려움(懼)

a) 여섯 번째 열은 때때로 토의 상징 아래에 있다고 여겨졌다.
b) 이 목록의 많은 변형들이 있다. 위에서 주어진 이름들은 주로 자신이 남긴 단편에 나타나 있는 것들인데, Needham, Science and Civilisation, Vol.2, p.238을 보면, 자신의 지배력이 수(水)의 상징 아래 있다고 믿고 믿은 진시황제를 부가하고 있다.

184 조셉 니덤, 『중국의 과학과 문명: 사상적 배경』, p.203.

2) 한의학과 음양오행설

음양오행설이 처음으로 나타났을 무렵의 음양(陰陽)과 오행(五行)이란 우주 변화에 대한 일반 인식으로 경험을 통하여 산출된 것이었다.

의학과의 관계에서는 의술가는 먼저 오래 전부터 전해 내려온 의료의 실천경험이 있었으며, 춘추시대 말기(기원전 5세기 전반)에 이르러 처음으로 음양(陰陽)의 이론을 도입하여 이용하기 시작했다. 그리고 전국시대 후기(기원전 3세기 전반)에 와서야 겨우 그 무렵에 새롭게 부흥한 음양오행설을 모두 받아들여 이용하게 되었다. 특히 전국시대의 인물로 여겨지는 추연(鄒衍)은 음과 양 두 파(派)의 학설을 결합하여 하나의 유기적인 이론체계로 정립했다. 나아가 추연은 이 새로운 이론체계를 도입하고 활용함으로써 의학상의 여러 문제를 해석하고, 한의학의 이론 체계를 구축했다.[185] 그러므로 『황제내경』의 음양오행설은 의술가가 외래의 학설을 수용하여 의학적인 전문화와 고도의 운용 방법을 첨가한 것으로서, 의술가 자신이 쌓아온 경험에서 직접 산출된 것은 아니었다.[186]

그리고 『황제내경』 중에는 자연발생적인 유물적(唯物的) 견해와 변증적(辨證的) 견해를 표현하는 부분이 많이 있으며, 이들이 음양오행설과는 관련이 없다는 점은 특히 주목할 만하다.[187] 그러므로 음양오행설은 고대(古代)의 소박한 철학과 사상에서 출발하였기에 일정한 한계가 있어서 자연계의 모든 사물에 대하여 완전한 해석을 할 수 없다. 또한

---

185 龍伯堅, 『黃帝內經槪論』, pp.107-108.

186 Ibid., p.120.

187 Ibid..

x

x

x

생체 내의 정세(精細)한 구조 연구에 대하여서도 이를 통해 완전한 답안을 구할 수 없다. 그러나 음양오행 이론에는 아직도 정리되어야 할 점이 없지 않으나,[188] 그것은 수천 년간에 걸쳐 이룩된 자연발생적 변증법인 음양오행설에 의하여 실용적인 치료의학으로 발전된 것이기 때문에, 그 의료 규범은 오늘날에도 한의학의 임상방법론이 되고 있다.[189]

그러므로 음양오행론이 의학적 응용에 적용됨으로 그 당시로서는 큰 진보를 이루었지만, 한의학 전체가 음양오행론을 바탕으로 하여 그 기초 위에 처음부터 이루어진 것이 아님을 알아야 한다. 따라서 음양오행설이 한의학의 본질이 아니라, 그 본질을 해석하고 적용하는 한 도구임을 깨달아야 할 것이다.

---

188 사실 음양오행설은 『황제내경(黃帝內經)』에서 언급하고 있는 바와 기타 다른 의학 서적(醫書)에서 주장하고 있는 바와, 도가(道家)의 음양의 응용과, 각 시대의 학자들의 견해가 서로 일치하지 않는다. 예를 들면, 『황제내경(黃帝內經)』 "소문(素問)"의 금궤진언론편(金匱眞言論篇)에는 인체의 등(背)은 양(陽), 배(腹)는 음(陰)이라 했으나, 도가의 『노자(老子)』에는 그 반대로 되어 있다. 음운(音韻) 학파에서는 맑고 가벼운 소리는 음(陰), 탁하고 무거운 소리는 양(陽)이라고 하지만, 의술가(醫術家)에게는 그 반대로 되어 있다. 오장(五臟)과 오행(五行)의 배당에서도 고대 의서(醫書)인 고문설(古文說)의 『음양치료법(陰陽治療法)』과 금문설(今文說)의 『황제내경(黃帝內經)』이 서로 다르다. 그리고 오운육기설(五運六氣說)과 음양오행설과의 십간(十干)과 삼음삼양(三陰三陽)의 배당이 서로 다르다.

189 강효신, 『東洋醫學槪論』, p.11.

3) 현대적 해석과 신음양오행설

오늘날은 음양오행설에 대한 새로운 해석들이 시도되고 있다. 동·서 의학자이자 동양철학자인 정성택 박사는 음양오행설에 대한 현대과학적 해석을 다음과 같이 주장했다.

"음양오행이란 자연의 기류순환에서 발생한 것이라고 본다. 음양이란 원래 간단한 의미이다. 태양 향배에 따른 주야의 의미일 뿐이다. 그것이 생활 속에 도입되어 확장적 이론으로 발전하면서, 예속된 같은 속성을 군으로 묶어서 수사적 방법으로 이용하였고, 순수의 단순 외미보다 오히려 혼돈을 초래하기도 하였다. 음양의 개념에 있어서

---

190 龍伯堅, 『黃帝內經槪論』, p.115. 두 그림에서 오행과 오장의 배열이 다르게 나타나 있다.

중요한 것은 연속적인 동적 분포에서 음양을 상대적으로 생각하여야 한다는 것이다. 그러므로 음양이란 자연계의 물질 활동에서 일어나는 대립, 소장, 평형을 만들어 가는 과정의 양분된 물질 세력의 개념이지 형태적, 물질적, 정적, 단순 양분의 개념이 아니다.

음양론에 있어서 음과 양의 상호관계는 태양계라는 조건 아래에서 지구의 자전에 의해 초래되는 지구의 밤과 낮의 변화에 따른 환경 조건의 변화이다. 지구의 자전은 지구의 공간적 에너지를 변화시키는데, 이때에 태양계의 중심별인 태양으로부터 와서 지구 표면에 미치는 '지구 표면 에너지'와 지구 내면에 간직하고 있어 발생하는 '지구 내면 에너지' 사이의 차이에 의하여 음(陰)과 양(陽), 한(寒)과 열(熱)이 형성된다. 그리고 이 음·양, 한·열이 대립제약(對立制約), 호근호용(互根互用), 소장평형(消長平衡), 상호전화(相互轉化)의 원칙을 가지게 된다. 이것을 통해 지구의 공간 에너지의 상태가 균형을 이루도록 하는 것이다. 만일 이 균형이 깨지면 이상기후 상태를 초래하게 된다. 곧, 음양편승(陰陽偏勝)이나 음양편쇠(陰陽偏衰), 또는 음양전화실조(陰陽轉化失調) 상태를 나타낸다."[191]

정성택 박사는 오행론 역시 우주변화의 원리의 한 맥락으로 보면서 현대 과학적으로 해석하였다. 그는 오행학에 대하여 다음과 같이 설명한다.

---

191 정성택, 『동양의학과 대체의학』 (서울: 행림출판, 1998), pp.137-180.

"오행론이란 기류학이다. 우주는 변화를 주도하며, 모두는 그 변화에 따라야 한다. 그 목적은 공존(共存)이다. 그런데 그 변화 운동에도 어떠한 법칙이 있다. 지구도 하나의 별이다. 그러므로 지구도 우주 변화에 순응해야만 한다.

  지구가 살아 있다는 것은 지구가 가지고 있는 모든 물질이 내외로 순환하고 있음을 의미한다. 이것은 곧 중심별로부터 오는 동기 에너지와 지구 내면에 잠재된 내면·반응 에너지 사이의 상호작용에 따른 순환작용이다. 그런데 순환작용이 일어남에 따라 변화가 일어난다. 이것은 지구의 중심축이 23.5도 기울어져 있음으로 지구가 중심별인 태양의 주위를 도는 공전운동을 행할 때 남북에 커다란 온도차가 생기기 때문이다."[192]

정성택 박사는 지구가 그 중심축이 23.5° 기울어진 상태로 스스로 자전을 함과 동시에, 태양 주위를 공전하기 때문에, 밤과 낮의 변화와 사계절의 변화가 생기게 된 것으로, 이에 따라 음양오행의 변화가 생기게 된다는 것이다. 그는 계속 다음과 같이 주장했다.

"지구의 공전운동은 사기(四氣)를 만드는데 그것이 봄·여름·가을·겨울(春夏秋冬)의 기운이다. 이 기운이 지구 내의 기류 운동의 주체가 되어 기후변화를 일으킨다. 이 기후변화를 봄의 기후는 목(木), 여름

---

192 정성택, 『동양의학과 대체의학』, pp.137-180.

의 기후는 화(火), 가을의 기후는 금(金), 겨울의 기후를 수(水)라 하여 이를 사기(四氣)라 하고 이 기(氣)의 운동은 지구의 공전에 따라 남북 양단을 오가면서 순환한다. 그리고 사기(四氣) 중에서 물을 상승시키던 봄·여름의 기운은 하지를 끝으로 가을·겨울을 만들며 수분을 하강시킨다. 이 전환점을 태양으로부터 땅이 가장 기운을 얻는 점이라 하여 토기(土氣)라 하며, 이 모두를 합하여 오기(五氣)라 한다. 이 오기는 하나의 움직임이요, 행진이다.

그러므로 이러한 오기의 행진을 일컬어 '오행(五行)'이라 한다. 그리고 한편 이 오행은 지구의 자전으로 일어나는 밤낮의 변화에 영향을 받는다. 따라서 이 밤낮의 변화를 일컬어 '음양'이라 한다. 그리고 이 모두를 '음양오행'이라 한다.[193]

〈그림 3-4〉 지구 공전과 자전에 따른 변화[194]

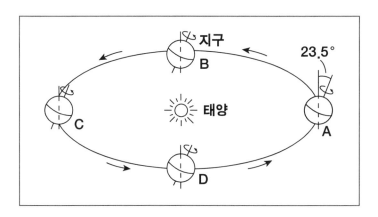

193 Ibid..
194 http://blog.naver.com/mapsoft/150049266826

그러므로 정성택 박사의 주장은, 음양오행은 지구의 공전과 자전에 의하여 지구에서 일어나는 이치라는 것이다. 이러한 우주 변화의 원리가 음양오행론이라는 것이다. 근본적으로 음양오행론은 지구 환경 속에서 관찰한 자연의 순환 원리를 선현들의 혜안으로 학문화한 것이지 인위적으로 만들어 내거나, 종교적이거나 민간신앙에 의하여 주술적으로 고안해 낸 것이 아니다. 이 음양오행의 원리를 인체의 오장(五臟: 肝, 心, 脾, 肺, 腎)에 적용하여 의학적 이론 체계를 구성한 것이다.

한편 철학적인 개념에서 음양오행을 접근해 볼 때, 만물의 구성 요소와 연관된 주장은 고대 그리스 철학에서도 활발했다. 그러나 동양사상에서는 이러한 음양이나 오행의 운용과 응용에 있어서 더욱 철학적인 깊이를 더했다고 보인다. 왜냐하면 동양에서는 음양오행 사상을 의학, 과학, 천문학, 점술, 풍수지리, 의식주, 철학, 사상 및 예술 등 인간 삶의 전 영역에 확대 · 적용한 것을 볼 수 있기 때문이다. 이런 막대한 영향력 속에서 동양에서 살아온 우리는 음양오행의 원리를 우주적 진리로 받아들이며 그 원리를 실천해 왔던 것이다.

그러나 오늘날 이러한 음양오행에 대한 사고 개념은 새로운 이해를 필요로 한다. 전통적인 음양오행의 해석이 결코 불변의 진리일 수 없다는 개념에서이다.

철학자들 중에서도 오늘날 음양오행을 이해함에 있어서 새로운 해석을 시도하고 있다. 이화여자대학교 철학과 김혜숙 교수의 주장은 다음과 같다.

"음양오행은 유사성을 바탕으로 한 일종의 거대한 분류 체계다. 그것은 사물이나 현상들 간의 횡적 연관을 확장해 가면서 모든 것을 몇 가지로 패턴화한다. 서양의 사유 체계가 연역과 귀납의 방법에 기초하여 종적인 체계화를 목적으로 하는 것과는 대조된다. 이 횡적 연관의 체계 안에서는 비슷한 것들이 같은 범주에 속하면서 비슷한 성질들을 공유하는 것으로 생각되었고, 패턴들 간에는 어떤 원리, 예를 들면 서로 돕거나 이기고 지게 하는 원리가 있다고 생각되었다.

밝은 것 · 높은 것 · 뜨거운 것 · 귀한 것 · 강한 것은 양(陽)으로, 어두운 것 · 낮은 것 · 차가운 것 · 천한 것 · 유순한 것들은 음(陰)에 속하는 것으로 간주되었다. 그리하여 하늘 · 군주 · 남자 등이 땅 · 신하 · 여자에 대하여 양(陽)으로 간주되었다. 그러나 하늘 · 군주 · 남자가 사실상 공통점이 있어서 양에 속했다기보다는 가부장적 봉건군주제의 정치 질서 안에서 강건함과 존귀함의 성질을 공유하는 것으로 생각되어 그 연관이 자명한 것으로 받아들여졌기 때문이다. 일단 이렇게 범주화되면 그것은 자연의 도리로 화(化)하여 이에 저항하면 천리(天理)를 위반하는 것이 된다. 그러나 음양은 사물이나 현상 자체가 갖고 있는 객관적인 성질이라기보다는 오히려 거꾸로 그것을 적용함으로써 사물이 그러한 성질을 규정되도록 하는 원리라고 할 수 있

다.[195]

따라서 김혜숙 교수는 음양론을 새로운 관점에서 이해할 수 있음을 주장했다.

"음양론의 새로운 이해를 추구하는 '신음양론'이 음양이분법을 안으로부터 해체한다는 것은 다른 개념을 빌려 음양이분법을 파괴하고 대치하는 것이 아니라, 음양 개념을 재사용하면서 그 이분법적 질서를 해체한다는 의미이다. 여기서 '음양(陰陽)'을 사물의 본질로 보지 않고 사물에 의미를 부여하는 원리로 보며, 음양을 '과학적 개념'으로 보기보다는 '문화적 은유'로 규정한다.

의미 부여의 원리로서의 음양의 관점에서 보면 여성과 남성은 각각 음과 양이라기보다는 모두 맥락에 따라서 음이 되기도 하고 양이 되기도 하는 '음양적 존재'다. 이것은 한의학의 관점과도 부합한다."[196]

김혜숙 교수는 신음양론에서, 음양적 개념에서 음에 속한 음습하고 열등한 것들과 여성을 묶고 있는 질긴 고리를 끊어 내고, 그 고리에 기초한 문화적 은유 체계를 해체할 것을 주장한다. 그러므로 가정은 더 이상 바깥주인(양)과 안사람(음)으로 이루어진 것이 아니며, 남편은 하늘(양)이고 아내는 땅(음)이라는 가부장 제도에서부터 탈피해야 한다고

---

195 김혜숙, "신음양론", ≪중앙일보≫, 2000년 10월 11일 수요일 40판.
196 Ibid..

주장한다. 이러한 사고의 개념은 남성과 여성을 각각 음양적 동일체로 보는 것으로, 종래의 양(남성)과 음(여성)의 대립 개념의 이분법적 가치 체계를 해체하는 혁명적 사고인 것이다.

이러한 맥락에서 한의학이 또 다른 차원으로 발전하기 위해서, 음 양오행론 대해서도 이러한 혁명적인 사고가 필요하다고 여겨진다.

4) 음양오행설과 성경

음양오행설에서 주장하듯이 우주의 모든 사물을 음양에 배당하는 것은 비교적 용이하다. 예컨대 빛은 양(陽)·어둠은 음(陰), 낮은 양(陽) ·밤은 음(陰), 남자는 양(陽)·여자는 음(陰), 하늘은 양(陽)·땅은 음 (陰), 상(上)은 양(陽)·하(下)는 음(陰) 등으로 표시하는 식이다.

그러나 이러한 것들도 이미 성경 속에서 찾아보면 모두 나타나 있다.

" … 하나님이 빛[光]과 어둠[暗]을 나누사 하나님이 빛을 낮[晝]이라 부르시고 어둠을 밤[夜]이라 부르시니라 저녁[晚]이 되고 아침[旦]이 되 니 이는 첫째 날이니라(창 1:4-5).

"하나님이 궁창을 만드사 궁창 아래[下]의 물과 궁창 위[上]의 물로 나 뉘게 하시니 그대로 되니라"(창 1:7).

"하나님이 이르시되 하늘의 궁창에 광명체들이 있어 낮과 밤을 나뉘 게 하고 그것들로 징조(徵兆: 記號)와 계절(季節: 定節)과 날(日)과 해

(年)를 이루게 하라(창 1:14)."

"하나님이 두 큰 광명체를 만드사 큰 광명체[日]로 낮을 주관하게 하시고, 작은 광명체[月]로 밤을 주관하게 하시며 또 별[星]들을 만드시고(창 1:16).

하나님이 자기 형상 곧 하나님의 형상대로 사람을 창조하시되 남자[男]와 여자[女]를 창조하시고"(창 1:27).

하나님께서 천지만물을 창조하신 원리는 모든 것이 짝(伴)을 이루게 하고, 또 조화와 균형을 이루게 하는 것이다. 음양가(陰陽家)들은 다만 하나님께서 창조하신 이 모든 사물의 모습[象]을 보고 그 이치의 한 부분만을 깨달은 것이다.

"너희는 여호와의 책에서 찾아 읽어보라 이것들 가운데서 빠진 것이 하나도 없고 제 짝이 없는 것이 없으리니 이는 여호와의 입이 이를 명령하셨고 그의 영이 이것들을 모으셨음이라 여호와께서 그것들을 위하여 제비를 뽑으시며 그의 손으로 줄을 띠어 그 땅을 그것들에게 나누어 주셨으니 그들이 영원히 차지하며 대대로 거기에 살리라"(사 34:16-17).

오행(五行)의 요소도 성경 안에서 언급되는 삼라만상과 인간의 삶의 현장에서 쉽게 찾아볼 수 있다.

"네 하나님 여호와께서 너를 아름다운 땅에 이르게 하시나니 그 곳은 골짜기든지 산지든지 시내와 분천(噴泉)과 샘이 흐르고 밀과 보리의 소산지요 포도와 무화과와 석류와 감람나무와 꿀의 소산지라 네가 먹을 것에 모자람이 없고 네게 아무 부족함이 없는 땅이며 그 땅의 돌은 철이요 산에서는 동을 캘 것이라 네가 먹어서 배부르고 네 하나님 여호와께서 옥토를 네게 주셨음으로 말미암아 그를 찬송하리라"(신 8:7-10).

하나님께서는 당신의 말씀[火]을 지켜 그 도(道)를 행하며 당신을 경외하는 자에게, 아름다운 땅[土]을 주시고, 시내와 분천과 샘[水]을 주시며, 밀과 보리와 포도와 무화과와 석류와 감람들의 나무[木]를 주시고, 그 땅과 산에는 철과 동[金]을 주셔서 그들이 배불리 먹으므로 옥토를 주신 그분을 찬송하게 하실 것이라 말씀하신다. 성경의 여러 곳에서도 이러한 '음양(陰陽)'과 '오행(五行)'의 요소에 대한 언급을 찾아볼 수 있다.

성경에 기록된 천지창조의 과정에서 오행방위적 개념을 발견할 수 있다. 황원홍은 '성경의 신비와 음양오행'에 관한 연구를 하였는데 '천지창조와 오행방위개념'을 다음과 같이 설명한다.

"방위상으로는 해가 떠서 빛이 비치는 '동쪽'으로부터 창조가 시작된 것을 말한다. 그 뒤에 빛과 어두움 → 낮과 밤 → 저녁과 아침으로 이어지는 표현은 하루 중 해가 운행하는 방위와 일치한다. 즉 동쪽에 이어 남쪽의 '한낮'을 거쳐 → 북쪽의 '어두운 밤'을 맞이하고, 이어서 해 지는 '저녁'의 서쪽을 거쳐 → 해뜨는 '아침'인 동쪽으로 다시 이어진 다. 성경의 저자는 방위를 동 → 서 → 남 → 북의 순으로 기록하지 않고, 남(낮) → 북(밤) → 서(저녁) → 동(아침)으로 기록한다. 하루의 변화를 빛에 초점을 둔다. 새로운 날의 창조는 빛의 탄생에서 비롯된다고 생각했기 때문인 듯하다. 오행방위의 중앙에는 창조주 하나님이 위치하고 있는데, 하나님이 창조의 처음이며 중심임을 가장 먼저 밝혔다. 그와 더불어 하나님의 형상을 닮은 인간도 천지의 중심에 위치한다."[197]

따라서 천지창조의 첫 날의 창조과정을 방위에 따라 그려보면 다음과 같다고 한다.

〈표 3-3〉 천지창조와 오행방위 개념[198]

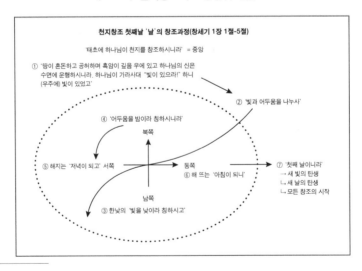

197 황원홍, 『저녁이 되고 아침이 되니』(서울: 청조사, 2009), pp.23-24.
198 Ibid., p.24

이처럼 하나님의 창조원리에서 음양오행의 개념을 살펴볼 수 있다.

그러나 우리가 유의해야 할 것은 하나님께서는 결코 전통적 음양오행설의 주장과 같이 '음양의 원리'로 만물을 창조하시고, '오행의 원리'로 만물을 운행하시는 것은 아니라는 사실이다. 그것은 단지 하나님께서 인간들에게 주신 '일반 계시'로서 하나님께서 창조하신 세계와 그 원리를 더듬어 발견하고 표현함에 음양오행의 원리에 의한 사고와 이해도 수용될 수 있음을 의미한다. 따라서 현대 과학적 접근 방법에서나, 과학을 초월한 접근 방법에서라도, 성경의 가르침은 전혀 오류가 없다. 음양오행의 원리가 우주 변화의 원리에 의한 것으로, 특별히 태양계에서 태양과 지구와의 관계 속에서, 지구가 태양 주위를 공전하면서 스스로 자전 운동을 행함으로 지구 안에 일어나는 변화를 설명하는 것이라면, 성경만큼 이에 대한 자세한 언급을 그 근원부터 기록한 책은 없다. 우주가 어떻게 생성되었으며(참조: 창 1:1-19), 태양계를 중심으로 한 지구의 변화가 어떠한 것인지, 성경만이 그 실제적인 기원과 원리를 언급하고 있는 것이다(참조: 창 1:14-19;8:22).

음양오행론은 결코 하나님께서 지으신 세계의 본질적 구성과 원리가 아니다. 그것은 하나님께서 지으신 세계를 이해하는 하나의 도구에 불과할 뿐이다. 그러므로 한의학을 음양오행론으로 해석했다고 해서 무조건 한의학을 배척할 필요도 없고, 또한 한의학을 전통적인 음양오행론적 관점에서만 해석하고 적용할 것만도 아니라고 본다. 그 근본원리는 모두 하나님의 지혜 속에 있기 때문에, 오늘날 음양오행론에 대한 성경적 관점에서의 새로운 접근과 해석이 필요하다.

그러므로 기독자의 시각에서 한의학에 대한 그릇된 편견을 버리고, 한의학을 '하나님께서 선물로 주신 치유의 도구'로 감사하게 받고, 이를 하나님의 지혜로 하나님의 뜻에 맞게 바로 사용할 수 있도록 노력해야 할 것이다. 한의학의 신음양오행론은 하나님의 지혜로만 새롭게 거듭날 수 있기 때문이다.

"깊도다 하나님의 지혜와 지식의 풍성함이여, 그의 판단은 헤아리지 못할 것이며 그의 길은 찾지 못할 것이로다"(롬 11:33).

"이는 만물이 주에게서 나오고 주로 말미암고 주에게로 돌아감이라 그에게 영광이 세세에 있을지어다 아멘"(롬 11:36).

4. 한의학 진단법의 이해

진단법은 의학이 임상에 적용되는 가장 기본적인 접근 방법이다. 즉, "질병에 대한 접근 방법에 있어서 어떠한 진단 방법을 사용하느냐?" 하는 것은 "질병 치료에 대하여 적용되는 의학의 본질이 무엇이냐?" 하는 것을 의미하기 때문이다.

이제 우리는 한의학이 가지는 독특한 진단법을 알아보고, 이것이 과연 성경과는 어떠한 연관성이 있는지 살펴보기로 하자.

1) 『황제내경』의 진단법

『황제내경』의 진단법의 대략적인 내용은 망(望)·문(聞)·문(問)·절(切)이다. 이 네 가지는 후대에 성립된 한의학 진단법의 근원이 된다.

'소문(素問)'의 음양응상대론(陰陽應象大論)에는 다음과 같은 기록이 있다.

"진단을 잘하는 자는 (환자의) 안색을 관찰하고 맥상(脈象)을 짚어서 먼저 (질병의) 음양 속성을 분별하고, (오색)의 선명함과 탁함을 살펴서 질병이 발생한 부위를 알아내며, (환자의) 숨 쉬는 모습을 보고 음성을 들어서 아픈 부위를 알고, 사시(四時)의 맥상(脈象)을 살펴서 병이 [어느 장부(藏腑)에] 주로 있는지를 알며, 척부(尺部)와, 촌부(寸部)의 부(浮)·침(沈)·활(滑)·삽(澁)을 살펴서 질병이 발생한 부위를 알아냅니다. 이렇게 (진단을 명확히 하여) 치료하면 과실이 없고 이렇게 진단하면 치료에 실패하는 일이 없습니다."[199]

"善診者, 察色按脈, 先別陰陽; 審淸濁, 而知部分;視喘息, 聽音聲而知所苦; 觀權衡規矩, 而知病所主. 按尺寸, 觀浮沈滑澁而知病所生, 以治無過, 以診則不失矣."[200]

'영추(靈樞)' 사기장부병형(邪氣臟腑病形)에는 다음과 같은 말이 있다.

"의사가 환자의 안색을 관찰하여 병의 상태를 아는 것을 '명(明)'이라 하고, 환자의 맥을 짚어서 아는 것을 '신(神)'이라고 하며, 환자에게 병을 물어서 아는 것을 '공(工)'이라고 한다."[201]

---

199 裵秉哲 譯, 『今譯 黃帝內經 素問』, p.100.

200 홍원식, 『黃帝內經素問』, pp.47-48.

201 이종찬, 『동아시아 의학의 전통과 근대』(서울 : 문학과지성사, 2004), pp.85-86에서 재인용.

"余聞之 見其色 知其病 命曰明 按其脈 知其病 命曰神 問其病 知其處 命曰工."[202]

한의학의 진법(診法)은 망진(望診)·문진(聞診)·문진(問診)·절진(切診)의 사종(四種)의 진찰방법을 의미한다. 의사는 이 사진(四診)을 통하여 환자의 체징(體徵)·증상(症狀) 등을 관찰하고 여기서 얻은 자료를 종합하여 다시 팔강(八綱)·오행(五行)·경락(經絡) 등의 이론을 분석함으로써 정확한 진단을 얻는다.[203]

첫째, '망진(望診)'은 시각을 이용하는 진찰법이다. 환자의 '신(神)'[정신(精神)·신기(神氣)·신지(神志) 등 환자의 정신력]과, '색(色)'[오장(五臟)과 기혈(氣血)의 변화가 체표(體表)에 반영되는 표현 현상]과, '형(形)'[환자의 형체(形體)를 의미]과 '태(態)'[병(病)의 중태(重態)를 의미]를 살펴서 질병의 성질, 부위와 전이(轉移) 등의 대체적인 정황을 알아내는 진단법이다.

둘째, '문진(聞診)'은 청각과 후각을 이용한 진찰법으로, 청각으로 환자의 언어·호흡·해수·구토 등의 성음(聲音)을 듣고 병의 상태를 진단하는 것이며, 후각으로 환자의 구취(口臭)·담체(痰涕)·대변·소변 등에서 방출되는 냄새를 통하여 병의 상태를 진단하는 것을 포괄한다.

셋째, '문진(問診)'은 환자나 그 보호자에게 반드시 시초의 질병과 현재의 질병의 전변상태(傳變狀態)를 물어보는 것[필심문기소여병(必審問期所如炳), 여금지소방병(與今之所方炳)]을 중요하게 생각하여 병력(病歷)을 수집하고 현재 질병의 임상 표현을 파악하는 것에 주의를 기울이는 것

---

202 Ibid., p.86.
203 강효신, 『東洋醫學槪論』, p.103.

이다.

넷째, '절진(切診)'은 손으로 환자 신체의 일정한 부위를 촉지하여 질병의 상태를 파악하는 것으로, '절맥(切脈)'과 '절부(切膚)'로 구분된다. 이 중에서 절맥(切脈)은 삼부구후편진법(三部九候遍診法), 인영촌구진법(人迎寸口診法)[현재의 촌관척삼부진맥법(寸關尺三部診脈法)], 진위기(診胃氣) 등으로 나뉜다. 이 진단법들의 적지 않은 것이 현실적인 임상 가치를 가지고 있어서 현재까지 한의사들에게 널리 운용되고 있다. 절부(切膚)는 상지(上肢)의 척택(尺澤)에서 촌구(寸口)까지의 피부를 말한다. 이것은 맥(脈)을 잡아 질병을 진단하는 데 보조적인 역할을 한다.[204] 『황제내경』은 이러한 한의학 진단법의 기본 이론을 잘 기술하고 있다.

『황제내경』의 진단법인 망(望)·문(聞)·문(問)·절(切)은 한의학 진단법의 기초 이론으로서 오늘날에도 널리 이용되고 있다. 그렇다면 이러한 진단 원리는 성경과 어떤 관련이 있을까?

2) 진단법과 성경

에덴동산에서 아담과 하와는 어떻게 그들의 건강을 유지했을까? 아무런 원칙도 없이 아무 것을, 아무 때나, 아무 곳에서, 아무 방법으로 먹고 마셨을까? 물론 죄악에 물들지 않았던 때의 그 동산은 아직 질병이 없는 온전한 곳이어서 무엇을 먹고 마시든지 간에 문제가 없었겠지만 그렇다고 그곳이 무질서하거나 무절제한 곳은 아니었을 것이다. 그렇다면 인간이 자신의 건강을 위해 어떠한 방법으로 음식을 취했을까? 비

---

204 홍원식, 『黃帝內經素問』, pp.IX-X.

단 이것은 인간뿐만 아니라 모든 동물에게도 마찬가지로 적용할 수 있는 질문이다. 아마 의식적으로 혹은 무의식적으로 하나님께서 주신 지혜로 자연스럽게 먹고 마셨을 것이라고 생각한다.

오늘날 우리는 그 당시의 구체적인 식사 원리를 잘 알 수는 없겠지만, 다음 성경 구절을 살펴보면 하나님께서 모든 동물과 인간에게 어떤 원칙을 주셨던 것을 짐작할 수 있다.

"여자가 그 나무를 본즉 먹음직도 하고 보암직도 하고 지혜롭게 할 만큼 탐스럽기도 한 나무인지라…"(창 3:6).

그러므로 인간이나 동물들이 음식을 섭취할 때에 다음의 단계를 거치도록 하셨을 것으로 짐작할 수 있다.

첫째, 보는 것이다[望]. 보아서 입맛이 당기는 것이 자신에게 영양이 되는 것이며, 약이 된다. 둘째, 들어보는 것이다[聞]. 이것이 나에게 좋은 것인지 나쁜 것인지, 그 대상물을 통해서, 또는 제삼자(第三者)를 통해서 들어보고 판단하는 것이다. 셋째, 물어보는 것이다[問]. 만일 자신이 잘 모르면 잘 아는 자에게 물어보고 결정해야 한다. 그렇게 해야 낭패를 당하지 않는다. 넷째, 만져 보고 잘라 보는 것이다[切]. 만져 보아야 찌르고 쏘는 것인지, 잘라 보아야 무엇이 속에 들어 있는지 알 수 있다. 마지막으로 조심스럽게 맛을 보는 것이다[食].

하나님께서는 이 원리를 에덴동산에서 이미 인간에게 주신 것으로 보인다. 왜냐하면 그 에덴동산에는 모든 복된 것들이 준비되어 있었지만, 무엇이든지 마음대로 먹을 수만은 없었기 때문이다. 생명을 잃을 수 있는 치명적인 것도 존재했기 때문이다. 선악을 알게 하는 나무의 열매는 결코 먹어서는 안 되는 것이었다. 먹으면 반드시 죽는다고 하나님께서 말씀하셨기 때문이다(창 2:17). 그러므로 최초의 인류인 아담과 하와는 에덴동산에 있는 모든 과일은 마음대로 먹을 수 있었지만, 동산 가운데 있는 생명나무와 선악을 알게 하는 나무들은 늘 바라보아야만 했다[望]. 그리고 선악을 알게 하는 나무의 실과는 먹지 못함으로 자신이 '지음을 받은 하나님의 피조물'이라는 사실을 늘 자각해야 했다. 그리고 인간은 무엇을 먹으면 사는 것인지, 무엇을 먹으면 죽는 것인지를 하나님께로부터 늘 들어야만 했다[聞]. 그리고 어려운 문제가 생겼을 때는 하나님께 즉시 물어보아야만 했다[問]. 하나님께서는 선악과를 만지지 말라고 하지는 않으셨다. 인간의 바른 판단을 위해서 '만져보는 것(切)'은 이미 허용된 사실이었다. 그러나 '만지지도 말라'라는 잘못된 주장이라든지, 또는 만짐의 정도를 벗어나서 금단의 열매를 '따버리는' 경거망동은 더 큰 어려움을 낳게 한다. 그리고 '먹는 것[食]'에 대한 바른 판단이 있어야만 했다. 하나님께서는 에덴동산의 각종 나무의 실과는 임의로 먹되, 선악을 알게 하는 나무의 실과는 절대 먹지 말 것을 당부하셨다. 먹는 날에는 반드시 죽는다고 하셨다.

> "여호와 하나님이 동방의 에덴에 동산을 창설하시고 그 지으신 사람을 거기 두시니라 여호와 하나님이 그 땅에서 보기에 아름답고 먹기에 좋은 나무가 나게 하시니 동산 가운데에는 생명 나무와 선악을 알게 하는 나무도 있더라"(창 2:8-9).

"여호와 하나님이 그 사람에게 명하여 이르시되 동산 각종 나무의 열매는 네가 임의로 먹되, 선악을 알게 하는 나무의 열매는 먹지 말라 네가 먹는 날에는 반드시 죽으리라 하시니라"(창 2:16-17).

망(望)·문(聞)·문(問)·절(切)의 진단법은 에덴동산에서부터 원래 이처럼 쉽게 깨달을 수 있도록 인간들에게 주신 것이다. 그러나 "선악을 알게 하는 나무의 실과를 따먹어도 결코 죽지 않으며, 도리어 눈이 밝아 하나님과 같이 되어 선악을 알게 되는 지혜를 얻게 된다"(참조: 창 3:4-5)는 마귀의 유혹에 대하여, 인간은 그 '탐욕'을 품게 됨으로써 오판을 하게 되고 만 것이다. 그 결과 모든 것이 변하게 되었다. 썩지 않을 것이 썩을 것으로, 죽지 않을 것이 죽을 것으로 순식간에 홀연히 다 변하였다(참조: 창 3:16-17; 고전 15장).

"아담에게 이르시되 네가 네 아내의 말을 듣고 내가 네게 먹지 말라 한 나무의 열매를 먹었은즉 땅은 너로 말미암아 저주를 받고 너는 네 평생에 수고하여야 그 소산을 먹으리라 땅이 네게 가시덤불과 엉겅퀴를 낼 것이라…"(창 3:17-18).

그러므로 아담과 하와가 타락한 이후, 질병과 사망이 도래한 왜곡된 인간 세상에서 '바른 진단'은 쉽지 않았다. 얼굴에 땀을 흘리며 애쓰고 수고해야만 몸에 유익한 식물(食物, 또는 약물; 藥物)을 먹을 수 있게 된 것이다. 그리고 그 종말은 죽음인 것이다.

"네가 흙으로 돌아갈 때까지 얼굴에 땀을 흘려야 먹을 것을 먹으리니 네가 그것에서 취함을 입었음이라 너는 흙이니 흙으로 돌아갈 것이니라 하시니라"(창 3:19).

『황제내경』은 육체의 질병을 진단하고 건강을 누리게 하는 좋은 방법을 제시한다. 그러나 그 모든 것은 하나님께서 주신 원리 속에 있다.

죄악으로 말미암아 판단의 눈이 흐려진 세상에서, 『황제내경』의 진단법은 육신의 질병을 찾아 치료하고 건강하게 하는 데 좋은 길잡이가 된다. 『황제내경』은 인간의 육신의 질병을 진단하는 데 유용한 진단법을 기록하고 있는 책임에는 틀림없다. 그러나 그것은 인간의 근원적 질병인 '죄'의 문제는 결코 진단할 수 없으며, 더욱이 인간의 전인적(全人的) 치유로 이끄는 영원한 생명에로의 길잡이는 결코 되지 못한다. 오직 하나님의 진리의 말씀이요 구원의 복음인 성경만이 인간의 몸과 영혼을 진단하고 치료하는 책이며, 영원한 생명을 얻게 하는 지혜를 담고 있는 유일한 책이다.

"… 이 복음은 모든 믿는 자에게 구원을 주시는 하나님의 능력이 됨이라…"(롬 1:16).

"또 어려서부터 성경을 알았나니 성경은 능히 너로 하여금 그리스도 예수 안에 있는 믿음으로 말미암아 구원에 이르는 지혜가 있게 하느니라 모든 성경은 하나님의 감동으로 된 것으로 교훈과 책망과 바르게 함과 의로 교육하기에 유익하니, 이는 하나님의 사람으로 온전하게 하며 모든 선한 일을 행할 능력을 갖추게 하려 함이라"
(딤후 3:15-17).

"진실로 진실로 너희에게 이르노니 사람이 내 말을 지키면 영원히 죽
음을 보지 아니하리라"(요 8:51).

5. 한의학 경락설의 이해

이제부터는 한의학의 기초 이론에 큰 대들보 역할을 하고 있는 경락설에 대하여 함께 살펴보고자 한다. 이것 역시 매우 중요한 것이라고 생각한다. 왜냐하면 경락설은 음양오행·장부(臟腑)·영위(營衛)·기혈(氣血) 등과 함께 한의학 이론의 기초가 되고 있으며, 생리·병리·진단·치료에서도 중요한 역할을 하기 때문이다.

1) 『황제내경』의 경락학설

경락(經絡)이란 경맥(經脈)과 락맥(絡脈)의 총칭이다. 경맥과 락맥은 인체 각부(各部)에 종횡으로 교차하여 연결망으로 분포되어 있는데, 장부(臟腑)에서 피부(皮膚)·기육(肌肉)·근골(筋骨) 등 일체의 조직에 이르게 되며, 경락이 그를 관통하여 하나의 통일적 종합체를 구성한다. 경락이란 기혈이 운행·통과·연락하는 통로이며, 이들은 장부(臟腑) 주재(主宰)에 의지하여 전신에 분포되고 표리와 상하를 서로 연락한다.

경락은 하나의 유기체로 각기의 소계통을 조직한다.[205]

경락의 작용은 인체의 정상적인 생리활동을 진행시킨다. 병변이 발생되면 경락을 통하여 약간의 병리현상이 계통적으로 반영된다. 이 객관적인 병상에 의하여 질병을 진단하고 치료방법을 세울 수 있다.

그러므로 경락의 작용은 첫째, 기혈을 운행시키고 신체를 자양하는 작용을 한다. 둘째, 인체의 이상을 반영하는 작용을 한다. 셋째, 침습병사(侵襲病邪) 등을 전도(傳導)하는 작용을 한다.[206]

이러한 경락에는 십이경맥(十二經脈)과 기경팔맥(奇經八脈)이 있고, 십이경맥(十二經脈)과 관련해서는 십오별락(十五別絡)이 있고, 별도로 주행하는 십이경별(十二經別)이 있으며, 십이경근(十二經筋)이 있다. 그리고 365락(絡)과 무수한 손락(孫絡)을 포함하고 있다. 이 중에서 가장 중요한 것은 십이경맥(十二經脈)이며, 일반적으로 '경락'이라고 하면 이것을 가리킨다. 십이경맥은 모든 경락의 주체가 되기 때문에 이것을 십이정경(十二正經)이라고도 한다.[207]

십이경맥의 명칭은 다음과 같으며 이들은 일정한 순서로 순행(循行)한다.

---

205 강효신, 『東洋醫學槪論』, p.75.

206 김현제 외, 『最新鍼灸學』(서울: 成輔社, 1991), pp.11-16.

207 Ibid., pp.2-3.

① 수태음폐경(手太陰肺經)(金)

② 수양명대장경(手陽明大腸經)(金)

③ 족양명위경(足陽明胃經)(土)

④ 족태음비경(足太陰脾經)(土)

⑤ 수소음심경(手少陰心經)(君火)

⑥ 수태양소장경(手太陽少腸經)(君火)

⑦ 족태양방광경(足太陽膀胱經)(水)

⑧ 족소음신경(足少陰腎經)(水)

⑨ 수궐음심포경(手厥陰心包經)(相火)

⑩ 수소양삼초경(手少陽三焦經)(相火)

⑪ 족소양담경(足少陽膽經)(木)

⑫ 족궐음간경(足厥陰肝經)(木)

　　십이경맥은 번호 순에 따라 수(手)의 태음폐경(太陰肺經)에서 시작하여 족(足)의 궐음간경(厥陰肝經)까지의 순서로 계속 순환 주행한다.[208]

208　강효신, 『東洋醫學槪論』, p.79.

〈표 3-4〉 12경맥의 음양경 분류[209]

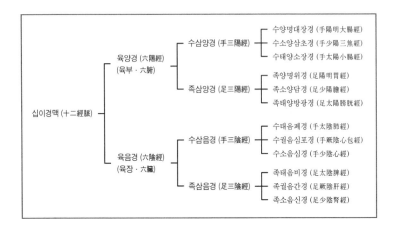

〈표 3-5〉 12경맥 경락(經絡), 장부(臟腑), 표리(表裏),
운행순 및 유주표[210]

음(陰)·리(裏)·장(臟)			양(陽)·표(表)·부(腑)		
태음경 (太陰經)	수(手)	→ 폐(肺) ① ──	▶ ② 대장(大腸)	수(手)	양명경 (陽明經)
	족(足)	비(脾) ④ ◀	③ 위(胃)	족(足)	
소음경 (少陰經)	수(手)	심(心) ⑤ ──	▶ ⑥ 소장(小腸)	수(手)	태양경 (太陽經)
	족(足)	신(腎) ⑧ ◀	⑦ 방광(膀胱)	족(足)	
궐음경 (厥陰經)	수(手)	심포(心包) ⑨	⑩ 삼초(三焦)	수(手)	소양경 (少陽經)
	족(足)	└ 간(肝) ⑫ ◀	── ⑪ 담(膽)	족(足)	

　　『황제내경』 "영추(靈樞)" 경맥(經脈) 제10에서 보면, 다음과 같은 기록이 있다.

209　이병국, 『경혈도』 하권(서울: 현대침구원, 1991), p.14.
210　Ibid..

"수태음폐경(手太陰肺經)은 중초(中焦)에서 시작하여 하부의 대장(大腸)에 락(絡)하였다가 위구(胃口)를 돌아 횡격막을 꿰뚫고 폐에 속(屬)하여, 다시 폐계(肺系)에서 옆으로 나와 겨드랑이 밑에서 팔 안쪽을 따라 내려가서 수소음심경(手少陰經)과 심주(心主:手厥陰心包)의 앞을 지나 팔꿈치 중앙으로 내려온 다음, 팔(臂) 안쪽 상골(上骨)에서 내려와 촌구(寸口)로 들어가 어제부(魚際部)에 이르고 어제혈(魚際穴)을 순행하여 엄지손가락(大指) 끝으로 나옵니다. 그 지맥(支脈)은 완골(腕骨)의 뒤쪽 열결혈(列缺穴)에서 검지손가락(食指) 안쪽 끝으로 나옵니다"[211]

"肺手太陰之脈, 起干中焦, 不絡大腸, 還循胃口, 上膈屬肺, 從肺系橫出腋下, 下循臑內, 行少陰心主之前, 下肘中, 循臂內上骨下廉, 入寸口, 上魚, 循魚際, 出大指之端, 其支者, 從腕後直出次指內廉, 出其端…."[212]

"영추(靈樞)" 맥도(脈度) 제17, 제2장을 보면, 다음과 같은 기록이 있다.

"오장(五臟)의 정기(精氣)는 항상 내부에서 상부의 칠규(七竅)로 모입니다. 폐기(肺氣)는 코(鼻)로 통하는데 폐기(肺氣)가 조화로우면 코(鼻)

---

211 裵秉哲 譯, 『今擇 黃帝內經 : 靈樞』, p.130.
212 홍원식, 『黃帝內經靈樞』, pp.118-119.

로 냄새를 맡을 수 있고….".[213]

"五藏常內閱於上七竅也. 故肺氣通於鼻, 肺和則鼻能知臭香矣….".[214]

"영추(靈樞)" 자절진사(刺節眞邪) 제75, 제4장을 보면, 다음과 같은 기록이 있다.

"황제가 말하기를 : 내가 듣기에 기(氣)에는 진기(眞氣), 정기(精氣), 사기(邪氣)가 있다고 하였는데, 무엇을 진기(眞氣)라 합니까?

기백이 대답하기를 : 진기(眞氣)란 선천적으로 부여받은 원기(元氣)와 후천적인 곡기(穀氣)가 결합하여 전신을 충만(充滿)하게 하는 것입니다. 정기(精氣)는 정풍(正風)으로서, 사시(四時)의 변화와 부합하는 방향에서 불어오며 허풍(虛風)이 아닙니다. 식(邪氣)은 허풍(虛風)인데, 허풍(虛風)은 인체를 손상시킵니다. 이 허풍(虛風)이 인체에 침입하면 그 부위가 깊어 저절로 제거되지 않습니다. 정풍(正風)이 인체에 침입하면 그 부위가 얕아 체내의 진기(眞氣)와 접촉한 후에 저절로 제거됩니다. 정풍(正風)의 기(氣)는 그 기세가 유약(柔弱)하여 진기(眞氣)를 이기지 못하므로 (치료하지 않아도) 저절로 제거됩니다.".[215]

---

213 裵秉哲 譯, 『今擇 黃帝內經 : 靈樞』, p.204.
214 홍원식, 『黃帝內經靈樞』, pp.178-179.
215 裵秉哲 譯, 『今擇 黃帝內經 : 靈樞』, p.566.

"黃帝曰: 余聞氣者, 有眞氣, 有正氣, 有邪氣, 何謂眞氣?

岐伯曰: 眞氣者, 所受於天, 與穀氣 幷而充身也. 正氣者, 正風也, 從一方來, 非實風, 又非虛風也. 邪氣者, 虛風也賊傷人也, 其中人也深, 不能自去. 正風者, 其中人也淺, 合而自去, 其氣來柔弱, 不能勝眞氣, 故自去."216

그러므로 이상과 같이 『황제내경』에서 '침경'에 속하는 "영추(靈樞)"를 살펴보면, 진기(眞氣)가 경락(經絡)을 따라 인체가 살아 있는 동안 끝없이 순환한다는 것이다. 기(氣)의 흐름은 수태음폐경(手太陰肺經)에서 시작하여 족궐음간경(足厥陰肝經)까지, 그리고 또다시 수태음폐경(手太陰肺經)으로 돌아오는 순환주행을 계속한다고 기록한다. "영추"에서 첫 시작하는 폐경(肺經)의 경맥(經脈)의 시작은 중초(中焦)의 위구(胃口)에서 비롯된다고 기술한다. 또한 폐기(肺氣)가 외부(外部)와 통하는 입구[竅]로는 코[鼻]임을 명시해 놓고 있다. 인간 생명의 첫 원동력이 되는 진기(眞氣)는 하늘[天]로부터 오는 기[生氣]와 비위(脾胃)를 통해서 소화흡수되는 곡기[水: 穀氣]와 더불어 신체에 충만해 있다고 한다.217

---

216 홍원식, 『黃帝內經靈樞』, p.490.
217 "장씨유경(張氏類經)"에 보면 "진기(眞氣)는 원기(元氣)다. 하늘(天)에 있는 기(氣)를 코(鼻)로 흡입(吸入)하여 후두(喉)가 관할(管轄)한다. 수곡(水穀)에 있는 기(氣)는 입(口)으로 들어와서(入) 인두(咽)가 관할(管轄)한다. 아직 출생하기 전에 있는 것을 선천(先天)의 기(氣)라 하고, 출생 후(生後)의 것을 후천(後天)의 기(氣)라 한다"고 했다(참조: 강효신, pp.66-67).

〈그림 3-5〉 십사경맥분포시의도[218]

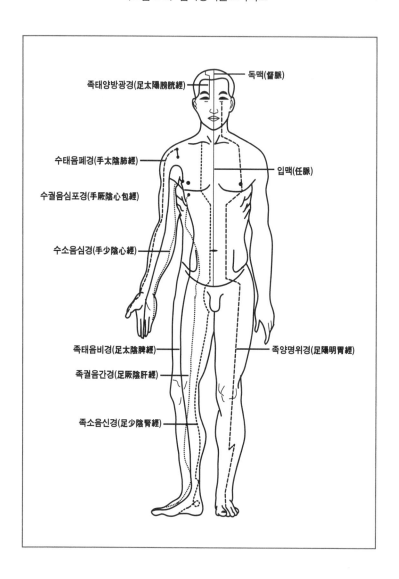

218 이병국, 『경혈도』 하권, p.15.

〈그림 3-6〉 수태음폐경 유주도[219]

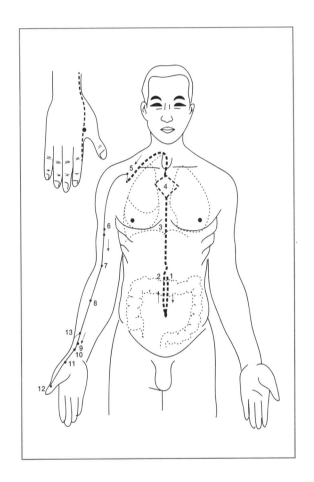

인체의 경맥의 시작은 수태음폐경이다. 맥의 시작은 인체의 본바탕이
흙(土)인 비위장(脾胃臟)의 중초(中焦)에서, 하늘에서 온 생기(生氣)와 땅
의 기(土氣)인 곡기(穀氣)가 만나 점화되어 생겨난 진기(眞氣)가 운행을
시작함으로써 비롯된 것임을 성경은 분명하고 정확하게 기록하고 있다.

---

219 Ibid., p.19.

여기서 우리가 유의해 볼 것은, 모든 경락의 주체가 되는 십이경맥의 유주가 시작과 끝도 없이 순환 주행되는 것으로 언급하고 있다는 점이다. 이것은 십이경맥이 특별히 어느 경에서 시작하여 어느 경에서 끝나는 것이 아니라, 어느 경이라도 시작될 수 있으며, 어느 경이라도 마지막이 될 수 있는, 사실상 '시작도 끝도 없음'을 언급하고 있는 것이다. 그러나 언제나 이를 기록할 때는, 그 첫 경맥은 수태음폐경으로 시작하여, 마지막 경맥은 족궐음간경으로 끝나는 것으로 기록하고 있음을 본다. 그렇다면 "왜 수태음폐경을 십이경맥의 첫 경맥으로 삼느냐?" 하는 것이다. 이 질문을 소위 한의학의 대가라 하는 사람들을 만날 때마다 던졌지만, 그 어느 누구도 속 시원히 답해 주는 사람이 없었다. 어떤 이들은 십이경맥의 유주는 시작도 끝도 없기 때문에 어느 경을 처음으로 삼아도 되지만 편의상 또는 전해 오는 관례상 수태음폐경을 첫 경으로, 족궐음간경을 마지막 경으로 삼는다고 한다.

과연 인간이 태어날 때에 처음으로 시작되는 맥경은 따로 없는 것인가? 아니면 첫 경으로 기록하고 있는 수태음폐경에서 반드시 시작하여 일정한 유주의 흐름으로 마지막에 족궐음간경으로 갔다가 다시 수태음폐경으로 돌아와서 이러한 순으로 계속 순환 주행하는 것인가? 만일 그렇다면 왜 하필 수태음폐경에서 시작하는 것인가? 과연 이것이 사실이라면 한의학의 원전(原典)인 『황제내경』에서는 그 이유를 기록하고 있는가?

그러나 이에 대한 뚜렷한 이유를 『황제내경』을 비롯한 어떠한 의학 서적에서도 언급하고 있지 않다. 『황제내경』에서는 각 경의 유주의 시작이 어떠하다는 것을 기록하고 있지만, 왜 수태음폐경을 첫 경으로 두었는지 또 왜 인체의 진기(眞氣)의 흐름이 수태음폐경에서 시작되었는지 그 이유를 전혀 기록하고 있지 않다.

이 물음은 아주 중요한 것이 아닐 수 없다. 이것은 곧 '인류 기원의 비밀'을 담고 있기 때문이다. 그러나 오늘날 우리가 가지고 있는 어떤 의학 서적에도 이에 대한 뚜렷한 언급이 없다.

그렇다면 성경은 어떠한가?

2) 경락설과 성경

『황제내경』의 경락(經絡)의 기록에 대하여, 성경은 놀랍게도 아주 정확하고 간결하게 기록하고 있다.

"여호와 하나님이 땅의 흙으로 사람을 지으시고 생기(生氣)를 그 코(鼻)에 불어넣으시니 사람이 생령(生靈)이 되니라"(창 2:7).

"耶和華上帝用地上的塵土造人, 將生氣吹在也鼻孔裏也就成了有靈的 活人名叫亞富"(創世記 2:7).

『황제내경』에서 기술하고 있는 원초적으로 하늘[天]로부터 온 기(氣)는 사실 하늘의 하나님[上帝]께서 주신 '생기(生氣)'이다. 하나님께서 첫 인간을 창조하실 때에, 그 생기(生氣)를 폐경의 입구[竅]인 코[鼻]를 통하여 인간의 근본이 되는 흙[土]의 장기인 비위(脾胃)가 자리한 중초

(中焦)의 위구(胃口)에 불어넣어 점화(點火)시키니, 토기(土氣)인 곡기(穀氣)와 더불어 진기(眞氣)가 되었는데 이것이 유주순행(流周循行)을 시작하여, 모든 경락(經絡)을 열게 되었다. 온 몸에 충만하게 되니, 첫 숨을 쉬게 되고, 드디어 생령(生靈)인 '산 사람'이 되었다.

그러므로 인체의 경맥의 시작은 수태음폐경이며, 맥의 시작은 인체의 본바탕이 흙[土]인 비위장(脾胃臟)의 중초(中焦)에서, 하늘에서 온 '생기(生氣)'와 땅의 기(土氣)인 '곡기(穀氣)'가 점화되어 생겨난 '진기(眞氣)'가 운행을 시작함으로써 비롯된 것임을 성경은 분명하고 정확하게 기록한다.

더욱이 '생기(生氣)'의 출처를 『황제내경』은 그저 '하늘[天]'이라고 기술하고 있음에 반해, 성경은 분명히 '여호와 하나님[上帝]'이라고 명시한다. 그리고 그 '생기(生氣)'는 하나님 '자신의 영(靈)'을 불어넣으셨음을 의미한다(욥 33:4; 32:8).[220]

한의학의 기초 이론이 되는 '천·지·인 사상(天地人思想)'도 "하늘의 하나님[天]께서 흙[地]을 빚어 생기(天氣)를 불어넣으니 인간[人]이 되었다"는 성경의 가르침을 이해할 때만이 분명히 깨달을 수 있다.

그러므로 인간 생명의 시작은 아메바에서 진화를 거듭하여 생겨난 것이 결코 아니다. 그것은 하나님께로부터 비롯된 것임을 성경은 명확히 기록하고 있으며, 『황제내경』은 어렴풋이 기록하고 있음을 알 수

---

220 루이스 벌코프, 『조직신학』, 권수경·이상원 역(서울: 크리스챤다이제스트, 1992), p.403.

있다.

이로 보건대 『황제내경』의 처음 기술자(記述者)들은 그들의 조상으로부터 '여호와 하나님[上帝]'에 대한 지식을 전해 받았을 것으로 보인다. 적어도 그들의 조상들로부터 전해 내려오는 지식을 근본으로 삼았음이 틀림없다.

『황제내경』은 하나님[上帝]께로부터 온 복(福)된 선물이다. 그리고 중국인의 조상들도 중국 대륙에서 자연 발생적으로 진화된 '북경원인'의 후예들이 아니라, 노아의 대홍수 이후 바벨에서 전 세계로 그 어족에 따라 이산되어 동진해 온 노아의 후예이다. 그러나 타락한 인간들의 근본적 속성이 변하여 그 마음의 계획하는 바가 어려서부터 악하기 때문에(창 8:21), 세월이 흐르면서 이 '전해진 진리'는 왜곡되고 흐려졌다. 오히려 타락한 인간들은 그 생각이 허망하여져서 미련한 마음으로 어둡게 되어 스스로 지혜 있다 하며 '하나님의 진리'를 왜곡시켜 '거짓된 인간의 지식'으로 바꾸어 버렸다.

"하나님의 진노가 불의로 진리를 막는 사람들의 모든 경건하지 않음과 불의에 대하여 하늘로부터 나타나나니 이는 하나님을 알 만한 것이 그들 속에 보임이라 하나님께서 이를 그들에게 보이셨느니라 창세로부터 그의 보이지 아니하는 것들 곧 그의 영원하신 능력과 신성이 그가 만드신 만물에 분명히 보여 알려졌나니 그러므로 그들이 핑계하지 못할지니라 하나님을 알되 하나님을 영화롭게도 아니하며 감사하지도 아니하고 오히려 그 생각이 허망하여지며 미련한 마음이 어두워

졌나니 스스로 지혜 있다 하나 어리석게 되어 썩어지지 아니하는 하나님의 영광을 썩어질 사람과 새와 짐승과 기어다니는 동물 모양의 우상으로 바꾸었느니라 그러므로 하나님께서 그들을 마음의 정욕대로 더러움에 내버려 두사 그들의 몸을 서로 욕되게 하게 하셨으니 이는 그들이 하나님의 진리를 거짓 것으로 바꾸어 피조물을 조물주보다 더 경배하고 섬김이라 주는 곧 영원히 찬송할 이시로다 아멘"(롬 1:18-25).

6. 해부학에 대한 이해

〈그림 3-7〉 내장의 해부도

파리 국립문서보관소 소장

한의학을 비과학적이고 단순히 동양철학적 사념의 의학으로 오해하는 또 다른 이유 중의 하나는, 해부학이나 외과적 지식과 외과적 치료 방법이 결여되어 있다고 생각하는 경우가 많기 때문이다.

이제 "한의학에는 정말 해부학이나 외과적 지식 또는 치료법이 결여되어 있는가?" 하는 문제를 다루어 보고자 한다. 이 역시 한의학을 바로 이해하는 데 매우 중요하기 때문이다.

1) 『황제내경』과 해부학

해부학에 관한 문제는 우리가 조금만 주의를 기울여 보면 『황제내경』에 이미 많은 해부학적 내용이 기술(記述)되어 있음을 알 수 있다.

『황제내경』 "영추(靈樞)"의 '경수(經水)' 제12, 제2장을 보면, 다음과 같은 기록이 있다.

"…무릇 사람은 하늘과 땅 사이, 육합(六合)의 안에서 살고 있으나, 이들 하늘의 높이와 땅의 넓이는 사람의 힘으로는 헤아릴 수 없습니다. 보통 사람의 피부 색맥(皮膚色脈)은 그가 살았을 경우에는 재어 보거나 손으로 만져서 가늠할 수 있고, 죽었을 경우는 해부를 통하여 관찰할 수 있습니다. 오장(五臟)의 견실함과 허약함, 육부(六腑)의 크고 작음, 수곡(水穀), 섭취량의 많고 적음, 맥(脈)의 길고 짧음, 혈의 청탁(淸濁), 기의 많고 적음 및 십이경맥(十二經脈) 중에 혈이 많고 기가 적은지, 혈이 적고 기가 많은지, 기와 혈이 모두 많은지 아니면 기혈(氣血)

이 모두 적은지 하는 데에는 모두 일반적인 규율이 있습니다…."[221]

"…且夫人生於天地之間, 六合之內, 此天之高, 地之廣也, 非人力之所
能度量而至也. 若夫八尺之士, 皮肉在此, 外可度量切循而得之, 其死
可解剖而視之, 其藏之堅脆, 府之大小, 穀之多少, 脈之長短, 血之淸濁,
氣之多少, 十二經之多血少氣, 與其少血多氣, 與其皆多血氣, 與其皆少
血氣, 皆有大數…."[222]

　　"영추(靈樞)"의 평인절곡(平人絶穀) 제32, 제2장에는 다음과 같은 기
록이 있다.

　　"소장(小腸)은 둘레가 2.5촌(寸)이고 직경은 8.5분(分)이 못 되며, 길이
가 3장(丈) 2척(尺)으로 2말(斗) 4되(升)의 음식물과 6되(升) 3합(合)
정도의 물을 받아들입니다. 회장(廻腸)은 둘레가 4촌이고 직경은 1.5
촌이 못 되며, 길이는 2장 1척으로 음식물 한 말과 일곱 되의 물을 받
아들입니다. 횡장(廣腸; 直腸)은 둘레가 8촌이고 직경은 2.5촌이 약간
넘으며, 길이는 2척 8촌으로 9되 3합과 1/8합의 음식물을 받아들입니
다."[223]

　　"小腸大二寸半, 徑八分分之少半, 長三丈二尺, 受穀二斗四升, 水六升

221　裵秉哲 譯, 『今擇 黃帝內經: 靈樞』, p.169.
222　홍원식, 『黃帝內經靈樞』, p.151.
223　裵秉哲 譯, 『今擇 黃帝內經 : 靈樞』, p.294.

三合合之大半. 廻腸大四寸, 徑一寸寸之少半, 長二丈一尺. 受穀一斗,
水七升半. 廣腸大八寸, 徑二寸寸之大半, 長二尺八寸, 受穀九升三合八
分合之一."²²⁴

인체의 구조에 관한 도량(度量)은 외부에서도 측정할 수 있으며, 또한 죽은 자를 해부하여 그 모양과 크기와 길이와 부피 등을 알 수 있다. 『황제내경』은 인체 각 장기의 해부·생리·병리의 상태를 이미 자세히 기록하고 있다.

『황제내경』 해부 분야의 인식에 대해서는 용백견이 그의 저서 『황제내경개론(黃帝內經槪論)』에서 다음의 세 가지를 특별히 언급하고 있다.²²⁵

첫째, 체표 해부에서 해부인식이 뛰어나다는 주장이다. 『황제내경』의 대부분은 자침요법(刺針療法)에 대하여 논하고 있는데, 자침요법에 있어서 가장 중요한 것은 자침하는 혈의 부위를 확정하는 사항이다. 그런데 자침 부위가 확정되려면 반드시 체표 상에서 그 지표를 결정하지 않으면 안 된다. 이 지표는 주로 뼈의 부위에 의해서 결정되며, 근육의 모양과 위치에 또한 영향을 받는다. 그러므로 『황제내경』 "소문"의 '골강론편(骨腔論篇)'과 "영추"의 '경맥편(經脈篇)'과 '경근편(經筋篇)' 등에는 체표 해부에 대한 기록이 특히 많이 나타나 있다.

둘째, 사람의 유형을 분류함에 있어서 해부 인식이 뛰어나다는 것

---

224 홍원식, 『黃帝內經靈樞』, pp.258-259.
225 龍伯堅, 『黃帝內經槪論』, pp.59-62.

이다. "영추"의 '통천편(通天篇)'에는 '태음인', '소음인', '태양인', '소양인', '음양화평인(陰陽和平人)'이라고 하는 다섯 종류의 사람의 유형이 제시되어 있다. 또한 "영추"의 '음양이십오인편'에서는 오행의 관점에서 인간을 25종의 유형으로 분류하고 있음을 보게 된다. 서양 의학의 아버지라고 일컬어지는 히포크라테스는 인간을 '다혈질', '점액질', '황담질', '흑담질' 네 가지 유형으로 분류했다. 히포크라테스가 인간을 생리 면에서 분류했다면, 『황제내경』의 분류는 주로 해부학적 분류에서 출발하고 있다는 주장이다.

셋째, 소화관의 길이에 대한 측정에 있어서 해부 인식이 뛰어나다는 것이다. "영추" '장위편(腸胃篇)'에 기재되어 있는 소화관의 길이는 식도 1.6척(尺), 창자 56.8척, 식도와 창자의 비율 1:36으로서 오늘날 해부학자들이 보고하는 것과 거의 같음을 알 수 있다.

이상에서 보다시피 한의학의 최고(最古)의 기초 이론서인 『황제내경』은 결코 해부학을 경원시하지 않았고, 도리어 튼튼한 해부학적 기초를 담고 있음을 알 수 있다.

2) 한의학과 해부학

한의학 자체가 해부학이나 수술 방법 등에 대한 연구가 없었고, 또한 소홀히 한 학문이 아니라는 것을 우리는 『황제내경』을 통해 알 수 있었다. 도리어 『황제내경』은 해부학이나 외과적 지식 및 치료법에 있어서 당시의 서양의학보다도 훨씬 앞서 있었다. 그럼에도 불구하고 오늘날 이 방면의 연구에서 한의학이 서양의학보다 월등히 뒤떨어진 이

유는 무엇일까?

한의학이나 서양의학 모두가 종교와 사상 그리고 사회 관습에 영향
을 받아 왔다. 특히 해부학과 외과적 연구는 더욱 그러했다. 과거 우리
나라는 한의사를 양반도 상민도 아닌 중인(中人)의 계층에 있게 했고,
특히 외과의사는 최하로 여겼다. 서양에서도 중세 10세기까지는 공인
된 의학교나 의사 집단이 존재하지 않았으며, 십자군의 원정 이후 수도
원을 중심으로 의학교들이 성장하기 시작했다. 해부학 강의는 있었지
만 교수들이 스스로 집도하는 일은 거의 없었다. 특히 사체 해부(死體解
剖)는 직인(職人) 계급에 속하는 이발외과인(理髮外科人)에게 맡겨질 정
도로 경히 여겨졌다.[226]

한의학은 20세기에 이르기까지 동양 사회의 종교 · 문화 · 풍습의
영향을 받아 그 시대적으로 성행했던 사유체계(思惟體系)와 깊은 관련
을 가져왔다.[227] 그러므로 한의학은 의가(醫家)들에 의하여 독자적인
연구가 활발히 이루어지지 못했고, 그 시대 사상과 관습의 제한적 허
용 범위 내에서 의학의 연구가 진행되어 왔다. 특히 우리는 일반적으
로 한의학 자체가 도교나 유교 그리고 불교의 영향으로 기초를 이루
고 발전하게 된 것으로 알고 있지만, 도리어 이러한 종교들은 한의학
의 해부학 등의 연구와 발전에 결정적 제약과 방해 요인으로 작용해
왔다.

---

226 백영한, 『醫學史槪論』 (서울: 癸丑文化社) , pp.46-47.
227 박쾌환 외, 『한의학, 하나님의 선물』 (서울: 한국누가회 , 1997), p.29.

현재로부터 2천여 년 전, 편작(扁鵲)과 화타 시대 때 마취에 의한 개복수술(開腹手術)과 뇌수술이 시행된 한 예가 전해지고 있다. 더욱이 중국에서는 2천여 년 전의 전국시대부터 빈번한 전쟁이 있어 왔기에, 전쟁으로 인한 외상 등에 대한 외과적 처치술이 발달한 것도 주지의 사실이다. 그러나 도교와 유교의 사상이 동양문화권에 큰 영향을 미치게 됨에 따라 조상 숭배 사상이 자리 잡게 되었고, 이에 따라 부모님께서 주신 육신을 손상시키며 해부하는 것을 불효적 행위로 여겨 엄격히 금지되었다. 아울러 불교의 윤회사상 및 대자대비(大慈大悲) 사상 등은 살생 금지에 대한 개념들로서, 동양적 사고를 이룩하는 데 영향을 주게 됨으로 인체에 변형을 가하는 행위에 대한 금기가 깊이 뿌리를 내렸다. 그 결과로 가축이라도 칼을 대는 사람을 '백정(白丁)'이라고 멸시했으며, 의사 중에도 외과의사를 제일 경(輕)히 여겼다. 이러한 사회 관습과 종교의 영향 등으로 한의학의 해부학은 발달할 수 없게 되었고, 외과적 치료법은 전수되지 못한 채 사장되었다.

　　다시 말하거니와 『황제내경』을 통하여 알 수 있듯이 원래 한의학 자체가 해부학적 연구를 소홀히 하거나 외과적 치료법을 경히 여긴 것이 결코 아니었다. 그것은 다분히 동양적 사고 체계를 이룬 유교, 도교 및 불교 등의 영향과 사회 관습 때문으로 볼 수 있으며, 그러한 영향이 근대까지 내려온 것이 사실이다. 그러나 서양의학은 16세기 이후, 종교개혁과 르네상스의 영향 아래에서, 도리어 기독교의 적극적인 장려 속에서 그 연구가 활발히 이루어져 왔다.

　　그러므로 한의학도 원래 그 자체가 해부학이나 외과학을 다루지 않거나 소홀히 하는 학문이 아니었음을 알아야 한다. 이제 한의학도 그 학문적 이론과 바탕 위에서 해부학 및 외과학 등의 연구를 더욱 발전시켜 가야 할 것이다.

〈그림 3-8〉 한의학과 해부도   〈그림 3-9〉 한의학 수술 도구

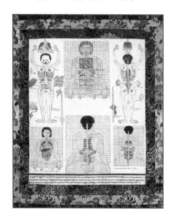
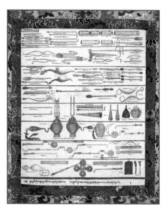

중국 서장 자치구 의원 소장   중국 서장자치구 의원 소장

3) 기독교와 해부학

서양의학을 두고 볼 때도 인체의 사체 해부는 중세 기독교에 의하여 엄격히 금지되었다. 그러나 13세기 초 법왕(法王)이 검사(檢死)에 한해 허가했고, 15세기 후반에는 공인되었다. 카룰루 5세(Carulu V)가 "사체 해부는 과연 큰 죄인가?"라고 물었을 때 스페인의 살라만카(Salaman-ca)대학 신학부의 교수단은 "인간의 사체 해부가 유익한 목적에 봉사하는 것이라면, 가톨릭교회의 신자로서 허용할 수 있다"고 답변하였다.[228]

---

228 백영한, 『醫學史槪論』, p.47.

그 결과 이탈리아 각지에서 의과대학이 생기면서 해부학의 연구가 장려되었다.

유럽에서 르네상스 운동이 일어나고, 그 영향이 의학에서 짙게 나타난 것은 16세기였다. 특별히 의학의 대혁신은 벨기에 출신의 위대한 의학자 베살리우스(Andreas Vesalius, 1514-64)로부터였다.[229] 그는 뛰어난 해부학자로서 그의 해부는 알렉산드리아기 인체의 사체해부에 의한 인체 구조의 지식에, 동물의 해부에 의한 지식을 인체에 해당시켜 집대성함으로써 인체 구조에 관한 대체적인 정보를 제공하였다. 그 이후로부터 서양의학은 해부·조직학의 활발한 연구를 기초로 하여 괄목할 만한 발전을 이룩하게 되었다.[230]

서양의학의 발전은 이렇듯 기독교의 의학 연구에 대한 적극적인 장려 속에서 이룩되었다. 더욱이 기독교가 15세기 이후로 "인체 해부가 인류의 질병을 퇴치하는 유익한 목적으로 기여한다면, 허용하고 장려할 수 있다"는 결정을 내림으로써 외과학의 눈부신 발달을 가져왔다. 그러므로 이제 또다시 기독교는 오늘날의 한의학의 발달을 위해, 지난날 한의학에게 가해진 잘못된 굴레들을 끊게 하는 데 기여함으로써, 하나님의 지혜와 지식과 사랑 안에서 한의학을 거듭나게 해야 할 의무가 있다고 본다.

---

229 Ibid., p.53.
230 Ibid., p.57.

7. 현대 중국 한의학의 기초 이론 이해

지금까지 살펴본 것과 같이 『황제내경』은 오늘날까지 긴 시간 속에서 여러 사상과 철학 등의 영향을 받아 왔다.

이제 오늘날 중국 한의학의 기초 이론에 대한 현대 중국인들의 이해가 어떠한가를 살피는 것도 의미가 있을 것이다. 이는 다시 말하면 "과연 오늘날에도 중국 중의학[中醫學]의 기초 이론이 국가 통치 이념 등의 영향을 받고 있는가" 하는 점을 살피는 일이다.

중의학의 주요한 교육을 담당하고 그 지식을 보급하기 위해 고등의약원교교재(高等醫藥院校教材)를 발행하는 상해과학기술출판사가 있다. 그곳에서 발간한 중의학 교재인 『내경강의(內經講義)』를 살펴보면 다음과 같다.

"중의학의 변천 과정을 『황제내경』의 이론 체계에 근거하여 분석하여 보면, 고대의 해부학적인 지식이 기초를 이루고 있고, 그 위에 고대의 철학사상이 지배하고 있음을 알 수 있다. 이러한 틀 속에서 오랫동안 관찰된 생명 현상에 임상적인 경험을 결부시키는 과정을 반복한 것이 그 발전 과정이다. 즉 이론에서 임상으로, 감성적인 것에서 이론적인 것으로, 단편적인 것에서 종합적인 것으로 발전시켜 온 것이 중의학이다. 그러므로 『황제내경』의 이론체계도 고대의 소박한 유물론의 변증법이 지배하고 있음을 간과하지 말아야 할 것이다…"231

또한 상해과학기술출판사에서 고등의약원교교재로 발간한, 중의학 이론의 중요한 교재인 『중의기초이론(中醫基礎理論)』을 살펴보면, 중의학의 이론 체계는 유물변증관을 기초로 하고 있다.

"엥겔스는 그의 저서 『자연변증법』 중에서, '어떤 자연과학자들이라도 그들의 학문적인 태도는 철학의 지배 아래에 있음을 인정한다'고 했다. 그러므로 중국의약학(中國醫藥學)도 장기간의 의료 실천의 기초 위에서 형성되고 발전해 왔으며 또한 계속 형성 과정 중에 있다. 이것은 고대유물론과 변증법 사상의 깊은 영향을 받은 것이다. 그러므로 현재에도 이론체계가 발전 중에 있는 것은 그 시작과 마지막이 유물변증의 관점과 연결되어 있기 때문이다."232

현대에 와서 중국은 중의학을 서양의학적인 사고와 접목하여 발전시켜 나가는 변증법적 시도를 강하게 추진하고 있다. 특히 국가 통치

---

231 程士德·孟景春 編, 『內經講義』, p.4.
232 印會河·張伯訥 編, 『中醫基礎理論』(上海: 上海科學技術出版社, 1990), p.2.

이념이 엥겔스의 '자연변증법적 철학'의 지배 아래에서 '유물변증의 원리'를 기초로 하고 있기 때문에, 의학의 분야조차도 그 기초 이론을 '유물론적 변증'으로 계속 발전시켜 가야 한다고 주장한다. 중의학은 고대 소박한 유물론 위에서 시작되었고 그 이후에 미신적 요소인 고대 유신론의 영향을 받았지만, '음양오행학'이라는 과학적인 도구를 통해 미신적 요소를 탈피하고 과학적 사고로 정립되었다는 것이다. 그리고 서양의학과 더불어 현대적인 유물론적 변증으로 계속 발전되었음을 주장한다. 이에 대한 기초는 현대 진화론에 깊은 뿌리를 두고 서양의학적인 사고의 틀을 응용하고 있음을 볼 수 있다.

오늘날 중국 현대 중의학의 실험적 시도는 국가 통치 이념인 '유물론적 변증철학'의 강력한 영향 아래에 있다. 이것은 고대 전국시대와 진나라 때의 격변 속에서 '음양오행학설'을 의학적 이론으로 도입할 때의 모습을 연상하게 한다. 현대 중의학의 이러한 시도는 어쩌면 중의학을 보다 새로운 모습으로 발전시켜 갈 수 있을지 모른다. 그러나 우리가 확실히 알 수 있는 것은 중의학 자체가 과거에나 현재에나 국가적인 통치 이념에 영향을 받아 왔고, 또한 받고 있음이 확실히 입증됐다는 사실이다. 그러므로 중의학은 "정치·사회·문화·경제·철학 및 사상 이념의 영향 속에서 앞으로 또 어떻게 변할 것인가?" 하는 의구심을 갖게 한다.

그러나 분명한 것은 한의학을 통하여 질병이 낫게 되는 것은 사실 이러한 이념적 철학 등의 요소에 의해서가 아니라, 하나님께서 창조하신 때로부터 자연 속에 숨겨둔 '치유의 능력' 때문이라는 점이다. 이것은 시대가 변하고 국가 통치 이념이 바뀐다고 해서 '정반합의 유물론적 변증'에 의하여 변모하고 발전하는 것이 결코 아니다. 이 모든 오류는 '모든 진리는 하나님의 진리'라는 사실을 바로 깨닫지 못함에서 오는 것이다.

그러므로 한의학의 진정한 발전은 하나님의 '일반 계시'를 통하여 자연 속에 감추어 두신 진리를 발견하여 계속 개발하고 그 활용을 추구할 때에 가능하다고 본다. 궁극적으로는 이 '일반 계시'가 하나님의 '특별 계시'인 성경의 조명으로 해석되고 응용될 때에 비로소 인간들의 몸과 마음과 영혼에의 전인적 치유가 일어날 것이다.

한의학의 기독교적 거듭남은 진정 하나님께서 선물로 주신 '한의학'을 보람되게 발전시키는 일일 것이다. 이것은 곧 성령의 인도하심을 따라 성경을 통하여 한의학을 바르게 이해하고 활용할 때에, '한의학'은 이미 우리들에게 귀한 선물로 주신 '서양의학'과 더불어 우리의 몸을 치유하는 강력한 도구가 될 것이다.

하나님의 선물 - 한의학

지금까지 이 글을 쓴 목적은 한의학이 과연 전근대적인 '고루한 의학'이며, 실험 · 분석 · 증명하기 힘든 '비과학적 의학'이요, 특히 도교나 유교 또는 불교에 기반을 둔 철학적 사념에 속한 '도사들의 의학'이며, 반기독교적인 '불신앙의 의학'인가?, 아니면 한의학 역시 하나님께서 인간들에게 주신 '하나님의 선물'인가? 하는 것을 살펴보기 위함이었다.

　　이를 연구하기 위하여 우리는 한의학 이론의 최고(最古)이며, 완비된 원전(原典)으로 일컬어지는 『황제내경』을 성경과 더불어 살펴보았다. 왜냐하면 한의학이 『황제내경』으로부터 시작하여 『황제내경』으로 끝난다고 해도 과언이 아니기 때문이다.

　　그 결과 『황제내경』의 핵심을 이루고 있으며 한의학의 근본적 기초 이론을 이루는 모든 주장이, 성경 기록과 대립하기보다는 도리어 성경을 통해 재해석됨으로써 보다 완성된다는 것을 알게 되었다. 하지만

『황제내경』과 성경이 서로 유사한 점이 있으므로,『황제내경』의 원리가 '진리'라는 것을 주장하는 것은 결코 아니다. 필자가 이 글을 쓰게 된 동기는 오늘날 일반 한의학자나 동양사상가들이 이해하고 있는 것처럼 『황제내경』이 천지만물의 구성과 운행의 이치와 인간의 건강을 영위하기 위한 참된 규범을 담은 '불변의 진리 경전'으로 여김을 받는 것이나, 아니면 일부 과학자나 기독교인이 이해하고 있는 것처럼 '비과학적 · 불신앙의 의학 교과서'로 여김을 받는 것에 대한 바른 이해를 규명하기 위함이었다.

기독인으로서『황제내경』의 성경적 고찰은 다음과 같은 질문으로 시작되었다. "지고한 진리의 잣대인 성경의 조명 아래에 나타난『황제내경』의 모습은 진정 어떤 것인가?" 그 긍정적인 면모는『황제내경』이 담고 있는 한의학의 기초 이론적 근거가 모두 성경에 존재한다는 사실이다. 그것이 가능할 수 있었던 배경에 대하여 성경은, 이 원리를 깨우친 자들이 '노아의 흩어진 후손들'인 여호와를 숭배하던 그 조상들로부터 '전해진 진리'와, 하나님께서 주신 '일반 계시'로서 자연환경 속에서 생활의 지혜로 얻은 '경험 의술'로 기록했기 때문이라고 가르친다(행 17:24-31). 그 부정적인 면모로는『황제내경』은 결코 '성경'처럼 의학에 대한 '완전한 진리의 경전'이 아니라는 사실이다. 비록『황제내경』에 나타난 한의학의 기초 이론의 근거가 모두 성경에 존재한다 할지라도, 그것이 많이 변형 · 왜곡되었고, 때로는 모호한 모습을 지니고 있기 때문이다. 더욱이 인간의 궁극적인 전인치유의 '영원한 생명'을 얻는 '구원의 메시지'는 결코 발견할 수 없기 때문이다.

오직 하나님의 특별 계시인 하나님의 감동으로 된 '성경'만이 교훈과 책망과 바르게 함과 의로 교육하기에 유익하고, 인간을 온전케 할 수 있으며, 그리스도 예수 안에 있는 믿음으로 말미암아 구원에 이르는 지혜가 있게 한다(딤후 3:15-17).

『황제내경』은 하나님의 '일반 계시' 속에서, 병들고 상처받은 인간들에게 하나님께서 주신 '하나님의 선물'이다. 하나님께서는 은혜를 모르는 자와 악한 자에게도 자비로우시기 때문이다(눅 6:35). 그러나 『황제내경』에는 인간의 악함에서 기인한 오류와 왜곡과 욕심이 자리하고 있음을 알고 인정해야 한다. 그러나 한편으로는 이 '선물'을 선용해야 할 것이다.

구체적으로 언급하자면 한의학의 기초 이론인 '음양오행설'도 한의학에 처음부터 적용되어, 이 바탕 위에 『황제내경』이 이루어진 것이 아님을 인정하는 것이다. 그것은 시대 사조에 따라 인간들의 의도적인 목적을 담고 의학의 활용성과 의학상의 여러 문제를 해석하는 데 편리함을 주는 자연의 이치에 관해 연구되고 있던 이론들(음양학, 오행학 등)을 체계화하여 의학에 적용함으로써 의학적인 전문화와 운용 체계를 이루었던 역사적 사실을 아는 것이다. 그것은 곧, '음양오행설'이 한의학의 '본질'이 아니라, 처음부터 의학을 위한 '도구'로 쓰였다는 사실을 깨닫는 것이다.

그러므로 한의학은 『황제내경』의 성경적 고찰을 통해 하나님의 지혜로 이제 다시 거듭나야 할 것이다. 이를 위한 노력이야말로 근본적으로 '하나님께서 주신 한의학'을 '하나님의 나라를 위한 아름다운 도구'로

쓰임받게 하는 복된 일일 것이다.

『황제내경』은 근본적으로 하나님께서 주신 지혜로 시작되었다. 그러므로 한의학은 이제 더 이상 '불신앙의 의학'이 아니다. 한의학은 오늘날의 서양의학보다도 하나님을 더욱 사랑하고, 하나님의 치유 원리를 고수하고 있는 '하나님의 선물'이다.

그러므로 이제 더 이상 우리는 한의학을 공부하면서 신앙적 갈등을 가질 이유가 없다. 그동안 한의학이 혹시 '불신앙의 의학'으로 오해를 받아 왔다면, 이제는 당당히 '신앙의 의학'으로 거듭나야 할 것이다. 따라서 이 학문 속에 스며들어 있는 잘못된 사상과 철학과 종교적 요소들과 인간의 욕심과 완악함 속에서 생겨난 편견들을 제거하고, 하나님께로 향한 감사와 감격으로 이 학문을 하나님께 드려야 한다. 그리고 한의학이 담고 있는 '인간을 치유함에 유익한 모든 요소'는 하나님의 말씀인 성경을 통하여 바로 해석되고 운용되어 치유 사역과 의료선교 사역에 적극적으로 활용해야 할 것이다. 왜냐하면 하나님의 말씀은 능히 우리들로 하여금 그리스도 예수 안에 있는 믿음으로 말미암아 구원에 이르는 지혜가 있게 하며, 교훈과 책망과 바르게 함과 의로 교육하기에 유익하며, 하나님의 사람으로 온전하게 하며, 모든 선한 일을 행할 능력을 갖추게 하기 때문이다(딤후 3:15-17).

21세기의 한의학! 하나님의 말씀으로 다시 거듭날 때에 모든 질병과 죽음의 덫을 파괴할 강력한 새 무기가 될 것이다.

한의학! 진정 하나님께로부터 시작된 하나님의 선물이다!

1. 치유사역의 새로운 패러다임을 꿈꾸며

20세기까지 서양의학에 의한 서구적 의료선교 모델들이 세계의료선교를 주도해 왔다. 많은 의료선교사들은 종합병원과 진료소를 개설했고, 특수 의료사업으로 지역사회의 보건위생 증진사업과 의료사회사업, 나병 및 결핵과 같은 특수 만성병 진료사업 등을 추진해 왔다. 사실 이 모든 사역이 복음전파를 효과적으로 하기 위한 중요한 전략으로 사용되어 왔고, 또 많은 효과를 거두었다.

그러나 20세기 후반부터 의료선교의 환경은 많은 변화를 맞이하였다. 컴퓨터를 이용한 첨단 의료장비들의 출현으로 서양의학은 괄목할 만큼 발전하였으나, 또한 이들을 사용함에 있어서 많은 비용을 요구받게 되었다. 저비용의 수동식 의료 장비들은 고비용의 첨단 자동 장비들로 대체되었다. 따라서 경제적으로 열악한 선교 현장에서 전통적인 서양의학적 의료선교는 그 효율성에 있어서 재고할 수밖에 없는 형편을 초래하였다.

이렇듯 의료 환경과 선교지의 상황이 급변하고 있는 까닭에 21세기에는 보다 새로운 패러다임의 치유선교 모델이 요구되고 있다. 이러한 시대적인 요구에 따라, 한의학을 통한 치유 활동이 이제는 보다 활발해질 것이다. 한의학은 서양의학보다도 많은 시설과 장비를 요구하지 않으며, 자연의 모든 것을 특별한 가공 없이도 활용할 수 있다. 또한 비교적 비용이 많이 들지 않고, 치료 및 예방의학적인 면에서도 효과가 뛰어나는 등의 독특한 장점을 지니고 있다. 의료선교의 현장에서 한의학을 잘 활용함으로써 보다 효과적인 복음전파의 아름다운 도구로서 한의학은 선용될 수 있을 것이다.

그러므로 21세기 치유 사역의 새로운 지평을 여는 독특한 치유선교의 모델로서 한의학의 활용은 매우 중요한 위치에 있다고 해도 과언은 아니다. 예수 그리스도를 통한 '한의학의 학문적 거듭남'과 '치유선교적 활용'은 오늘날 기독학자들과 기독의료인들과 기독선교사들이 성령의 인도하시고 조명하시는 길[道]을 따라 마땅히 이루어야 할 과제인 것이다. 하나님의 나라가 이 땅에 임하실 그 날을 기다리며!

> "믿음으로 말미암아 그리스도께서 너희 마음에 계시게 하시옵고 너희가 사랑 가운데서 뿌리가 박히고 터가 굳어져서 능히 모든 성도와 함께 지식에 넘치는 그리스도의 사랑을 알고 그 너비와 길이와 높이와 깊이가 어떠함을 깨달아 하나님의 모든 충만하신 것으로 너희에게 충만하게 하시기를 구하노라(엡 3:17-19)."

2. 후기

  나의 삶을 돌이켜 보면, 의사이자 한의사로, 목사이자 선교사로, 또한 대학 교수로 살아온 인생살이가 겉으로는 그럴듯하게 보여도, 어쩌면 실속 없는 삶인 것 같기도 하다. 남들처럼 돈을 버는 일에는 멀리 비껴 살아 왔기 때문이다. '주님의 말씀에 인생을 걸고!' 그 흉내라도 내 보고픈 삶이었기에, 한 곳(장소와 직장)에 오래 머물며 살지 못했고, 그래서 부귀영화도 없던 삶이었다. 그러나 후회 없는 삶임에 감사할 따름이다.

  스스로가 부족하고 허물이 많은 사람이지만, 주님의 은혜로 믿음의 가정에서 태어난 것에 무엇보다도 감사할 따름이다. 부계(父系)로는 비교적 일찍부터 신식 학문에 관심을 가진 조부(祖父)를 두셨기에, 부친께서는 일본 동경에서 대학을 다니셨다. 따라서 부친은 당시의 신세대적 자유로운 사상을 갖고 계셨다. 반면에 모계(母系)로는 증조부 때부터 예수를 믿어 온 가계였다. 특히 외할머니는 어릴 때부터 독실한 신앙을 가지셨기에, 처녀 시절에 미신타파를 외치며 마을 어귀에 있는 아름드리 서낭당을 인근 마을 청년들과 함께 밤새 베어 버린 적도 있다고 하셨다. 그 뒷감당을 어떻게 하셨을까?! 외할머니는 연로하셔서 눈이 침침해지자 더 이상 성경을 읽을 수 없을 것 같다는 생각에 성경을 외우기 시작하셨다고 한다. 또한 손양원 목사님의 일대기인 '사랑의 원자탄'을 읽고 또 읽으시고는, 어린 나에게 "목사님 중에 목사님은 손양원 목사님이시다! 너도 같은 손 씨니 손양원 목사님처럼 훌륭한 사람이 되어라!"라고 늘 말씀하셨다. 그 아래에서 자라난 모친이기에, 어머니는 우리 집안의 믿음의 기둥이셨다. 내가 대학에 다닐 시절, 아버지는 고등학교 교사로 지내셨기에 6남매를 공부시키기에는 경제적으로 힘이 들었다. 그래서 어머니가 부업을 하셨는데, 납품 받는 회사가 도산하는 바람에 우리 집도 심각한 재정적 어려움을 겪게 되었다. 그때에 마침 출석하던 교회가 건축을 시작했었다. 어머니는 교회 건축을 위해 거액의 헌금을 작정하시고, 정월 엄동설한에 산꼭대기 교회에서 밤을 새는 철야기도를 감행하셨다. 봄을 맞이할 때쯤에 망한 듯했던 어머니의 사업은 다시 새롭게 일어나기 시작했다. 이러한 가계사(家系史) 속에서 자라난 나는, 어쩌면 사상적으로 자유분방한 헬라인 아버지와 신앙심이 투철한 기독 유대인 가문의 외할머니 로이스와 어머니 유니게를 둔 디모데 목사님 같은 상황(딤후 1:5) 속에서, 모태 신앙으로 태어나고 자라났다. 주님의 측량할 길 없는 은혜인 것이다.

이렇듯, 나의 삶이 믿음의 가정에서 어머니의 기도 속에 자라고, 신실한 믿음의 아내를 얻어 새로운 가정을 이루며, 의사로, 목사로, 병들고 상처받은 이들의 몸과 영혼을 치유하고 돌보면서 살아온 인생이기에 더욱 감사할 뿐이다(엡 2:1-8). 그러기에 내가 가장 좋아하는 글자는 '혜(惠)'이다. 따라서 나의 아호(雅號)를 '혜민(惠民)'이라 지었다. 첫 번째 의미는, '하나님께 은혜를 입은 백성'이라는 뜻이다. 두 번째 의미는, '백성들에게 그 받은 은혜를 나누며 살아갈 사람'이라는 의미이다. '은혜(恩惠)'라는 단어가 성경에서는 노아에게 가장 먼저 임했다(창 6:8). 그것은 곧, 타락한 인간에 대한 분노 가운데서도, 인간에 대한 하나님의 눈 속에 이글거리고 있는, 하나님의 뜨거운 사랑이다. 노아는 의인이요, 당대에 완전한 자라서 그는 하나님과 동행하였다(창 6:9). 그래서 그는 하나님께 은혜를 입은 것이 아닌 것이다. 그는 하나님께 은혜를 입었기에(창 6:8), 그는 의인으로 간주되었고 하나님과 동행할 수 있었던 것이다(창 6:9).

『황제내경과 성경』을 발간하게 된 것은 전적으로 하나님의 은혜이다! 『황제내경』이 기록된 지 수많은 세월이 흘렀음에도, 이같이 부족한 사람에게 성경의 눈으로 한의학을 바라볼 수 있도록 은혜를 베풀어 주시고 이 책을 발간하게 해 주셨다. 이것은 주님의 특별하신 사랑과 은혜 가운데, 부모님과 가족들의 기도 속에서, 특히 많은 신실한 믿음의 스승들과 선배, 동료, 후배들의 도움 가운데서 열매를 맺게 된 '축복의 산물(産物)'이다.

이 책을 초간(初刊)하게 된 것도 전적으로 성령님의 인도하심이었다. 대형(大兄)되신 정성택 선생님의 가르침 속에서 '우주변화의 원리'를 한의학적으로 사고하는 능력을 기르게 되었다. 그리고 미국 로스앤젤레스의 삼라 한의대(Samra Univ.)에서 원전(元典) 강독시간에 『내경강의(內經講義)』(程士德 孟景春 編)를 접하면서 『황제내경』에 대한 '새로운 꿈'을 꾸게 되었다. 언제 구입해 놓았는지도 모르는 책인 『황제내경개론(黃帝內經槪論)』(龍伯堅, 白貞義 · 崔一凡 譯)을 서재에서 우연히 발견하고서 얼마나 기뻐했던지! 기독교학문연구회의 요청으로 '기독교적 관점에서 본 동양사상'이라는 논제 아래 「한의학에 대한 기독교적 이해」를 논문으로 써 달라는 요청을 받았는데, 이 논문을 준비하면서 만나게 된 『한자에 담긴 창세기의 발견』(Kang, C. H. & Nelson, E. R., 이강국 역)과 『중국의 과학과 문명 : 사상적 배경』(조셉 니덤, 김영식 · 김제란 역)을 읽으면서 정말 감사했었다. 그리고 창조사학회(創造史學會)에서 발표한 논문인, 「토기와 문화의 이동」의 저자인 이벤허 교수를 북경에서 만나서 정말 반가웠다. 더욱이 '황제(黃帝)'에 대한 보다 많은 정보에 목말라 했던 시기에 나로서는 정말 우연히-그러나 하나님께서는 계획적으로-'황제에 관한 중국전통문화학술회'가 발간한 학술문집(『黃帝與中國傳統文化學術討論會文集』, 西安: 陝西人民出版社, 2001)을 중국 서안박물관(西安博物館) 서점에서 발견했다. 단 한 권이 다른 서적류 틈 사이에 꽂혀 있는 것을 보고 구입하면서 얼마나 기뻐했던지! 밭에 감춰진 보화를 발견한 것 같았다.

이제 초판을 발간한 지 10년이 지났고, 부분적으로 미비했던 부분을 보완하여 개정판을 내게 된 것 역시도 하나님의 은혜라고 생각한다. 특히 캐나다에서 『창조와 격변』의 저자 양승훈 박사와 교제하면서 많은 도움을 받은 것에 감사한다. 또한 큰 기쁨은 북경에 머물며 사역하는 동안에 북경중의약학대학교 도서관에서 용백견(龍伯堅) 교수의 『황제내경개론(黃帝內經槪論)』 원본(原本)을 만난 것이었다. 그리고 첸 카이 통(Chan Kei Thong)의 저서인 『고대 중국 속의 하나님』을 대할 수 있었던 일일 것이다. 또한 북경에서 김학관 교수를 만나 그의 저서인 『성경의 눈으로 읽는 중국사』를 선물 받게 된 것이다. 아울러 한국 및 동아시아의학에 대한 식견을 더 높일 수 있도록 도움을 준 것은 이종찬 교수의 『동아시아 의학의 전통과 근대』를 통해서였다. 이 밖에도 많은 서적들의 저자들과 또한 글로벌아시안의학회(Global Asian Medicine Association: GAMA)의 강주봉 원장, 최주학 원장을 비롯한 많은 동료들 모두가 이 학문에 있어서 귀한 스승들이다.

그러므로 이런 맥락에서 새롭게 발간되는 『황제내경과 성경』이 많은 이들에게 '빛과 소금'의 역할이 되었으면 하는 마음이 간절하다. 한의학의 성경적 뿌리를 찾아서, 성경적 관점에서 한의학을 바라보는 은혜와 즐거움을 함께 누리고 함께 나누는 것은, 한의학을 사랑하는 이들에게 주시는 '하나님의 축복'이다.

"모든 성도 중에 지극히 작은 자보다 더 작은 나에게 이 은혜를 주신 것은 측량할 수 없는 그리스도의 풍성함을 이방인에게 전하게 하시고, 영원부터 만물을 창조하신 하나님 속에 감추어졌던 비밀의 경륜이 어떠한 것을 드러내게 하려 하심이라"(엡 3:8-9).

참고문헌

국내서적

강효신, 『東洋醫學槪論』(서울: 고문사, 1989).

김성일, 『성경으로 여는 세계사』(서울: 신앙계, 1996).

김성일, 『한민족기원대탐사』(서울: 창조사학회, 1997).

김영길·조덕영, 『창조의 비밀』(서울: 국민일보사, 1994).

김영철, 『노아 홍수』(서울: 여수룬, 1990).

김용한, 『민간 요법 5000년』(서울: 시아, 1996).

김준식, 『싯다르타와 진의 시황제』(서울: 계몽사, 1989).

김창민 외 편역, 『황제내경강의』(서울: 정담, 1999).

김태성, 『중국사 뒷이야기』(서울: 실천문학, 1998).

김학관, 『성경의 눈으로 읽는 중국사』(서울: 예영커뮤니케이션, 2008).

김현제 외 편역, 『最新鍼灸學』(서울: 성보사, 1991).

박쾌환 외, 『한의학, 하나님의 선물』(서울: 한국누가회, 1997).

裵秉哲 譯, 『今譯 黃帝內經 素問』(서울: 成輔社, 1999).

裵秉哲 譯, 『今譯 黃帝內經 靈樞』(서울: 成輔社, 1999).

양승훈, 『창조와 격변』(서울: 예영커뮤니케이션, 2006).

이길상, 『성서에서 본 식생활과 건강법』(서울: 기독교문사, 1988).

이종찬, 『동아시아 의학의 전통과 근대』(서울 : 문학과지성사, 2004).

李炳國, 『經穴圖』(下卷, 서울: 현대침구원, 1991).

李相玉 譯解, 『四書五經 : 제5권(書經)』(서울: 한국교육출판공사, 1985).

정성택, 『동양의학과 대체의학』(서울: 행림출판, 1998).

최종태, 『예언자에게 물어라』(서울: 기독교문서선교회, 1999).

한국창조과학회 편, 『기원과학』(서울: 두란노, 1999).

황원홍, 『저녁이 되고 아침이 되니』(서울: 청조사, 2009).

허정, 『아시아 전통의학을 찾아서』(서울: 도서출판 한울, 1997).

허준, 『동의보감』, 홍문화 편, (서울: 둥지, 1990).

허준 지음, 구본홍 감수, 『한글국역 동의보감』(서울: 한국교육문화사, 1995).

홍원식, 『黃帝內經素問』(서울: 전통문화연구회, 1996).

홍원식, 『黃帝內經靈樞』(서울: 전통문화연구회, 1995).

외국 번역서적

구보 아라마사, 『생명, 그 아름다운 설계』, 이종범 역(서울: CUP, 1999).

조셉 니덤, 『중국의 과학과 문명: 사상적 배경』, 김영식 · 김제란 역(서울: 까치글방, 1998).

앨러브 S. 라이언즈, 『세계의학의 역사』, 황상익 · 권복규 역(서울: 한울아카데미, 1994).

헨리 모리스, 『성경은 해답을 가지고 있다』, 김병희 역(서울: 전도, 1991).

헨리 모리스, 『진화론과 현대기독교』, 서철원 역(서울: 생명의 말씀사, 1994).

헨리 모리스, 『창세기의 대 사건들』, 이희숙 역(서울: 생명의 말씀사, 1984).

헨리 모리스, 『현대과학의 성서적 기초』, 이현모 역(서울: 요단, 1992).

루이스 벌코프,『조직신학』, 권수경 · 이상원 역(서울: 크리스챤 다이제스트, 1992).

H. W 베크,『창세기』, 김봉성 역(서울: 두레마을, 1989).

제임스 사이어,『기독교 세계관과 현대사상』, 김헌수 역(서울: IVP, 1989).

에드워드 H. 샤퍼,『古代中國』, 타임 라이프 북스 편집부(서울: (주)한국일보타임-라이프, 1987).

해롤드 샐라,『신앙과 과학』, 오진관 역(서울: 생명의 말씀사, 1984).

프란시스 쉐퍼,『창세기의 시공간성』, 권혁봉 역(서울: 생명의 말씀사, 1988).

시라카와 시즈카,『한자의 기원』, 윤철규 역(서울: 이다미디어, 2009).

양페이(楊飛) · 샤오밍(種曉明),『중국사의 숨겨진 이야기(中國文化未解之謎)』, 심규호 역(서울 : 파라북스, 2008).

E .J 영,『창세기 1 · 2 · 3장 강의』, 서세일 역(서울: 한국로고스연구원, 1989).

E. J 영,『창세기 제1장 연구』, 이정남 역(서울: 성광문화사, 1990).

오가타 이사무(尾形勇),『사진과 그림으로 보는 중국역사 기행』, 이유영 역(서울: 시아출판사, 2002).

원가,『중국신화전설』, 전인초 · 김선자 역(서울: 민음사, 1992).

알버트 월터스,『창조 타락 구속』, 양성만 역(서울: IVP, 1994).

첸 카이 통(Chan Kei Thong),『고대 중국 속의 하나님』, 오진탁 · 윤아름 역(서울: 순출판사, 2009).

카일 · 델리취,『창세기』, 고영민 역(서울: 기독교문화사, 1988).

카일 · 델리취,『이사야 (상) (하)』, 최성도 역(서울: 기독교문화사, 1987).

메리 캐시언,『여자 · 창조 그리고 타락』, 이정선 역(서울: 바울, 1992).

폴 토우르니에,『성서와 의학』, 마경일 역(서울: 전망사, 1979).

제임스 패커,『하나님을 아는 지식』, 서문강 역(서울: 기독교 문서선교회, 1989).

리차드 L 프랫,『인간존엄을 향한 하나님의 디자인』, 김정우 역(서울: 엠마오, 1995).

하야시 하지메,『동양의학은 서양과학을 뒤엎을 것인가』, 한국철학사상연구회기철학분과 동의학연구소 역(서울: 보광재, 1996).

호머 헥세마,『태초에 하나님이』, 안만길 역(서울: 생명의 말씀사, 1981).

윌럼 헨드릭슨,『로마서 (상) (하)』, 황영철 역(서울: 아가페, 1984).

윌럼 헨드릭슨,『요한복음 (상) (중) (하)』, 유영기 역(서울: 아가페, 1983).

존 휘트콤,『성경적 창조론』, 최치남 역(서울: 생명의 말씀사, 1993).

Kang, C. H. & Nelson, E. R,『한자에 담긴 창세기의 발견』, 이강국 역(서울: 미션하우스, 1991).

Bailey, Jill & Thompson, Catherine, *Planet Earth*(London: Oxford University Press, 1993).

紀江紅,『中國傳世人物畵』(北京 : 內蒙古人民出版社, 2002).

南怀瑾,『小言《黃帝內經》与生命科學』(北京 : 東方出版社, 2008).

鄺鐵濤 郭振球 編,『中醫診斷學』(上海 : 上海科學技術出版社, 1991).

龍伯堅,『黃帝內經槪論』(白貞義 · 崔一凡 譯. 서울: 논장, 1990).

印會河 · 張伯訥 編,『中醫基礎理論』(上海 : 上海科學技術出版社, 1990).

張英聘 · 范蔚 編,『中國歷史与文明』(北京 : 中央文獻出版社, 2003).

張樹 編, 『中國史話』(上海 : 上海科學技術文獻出版社, 2005).

程士德・孟景春 編, 『內經講義』(上海 : 上海科學技術出版社, 1988).

程莘農 主編, 『中國鍼灸學』(北京 : 人民衛生出版社, 1986).

正坤 編, 『黃帝內經 上・下』(北京 : 中國文史出版社, 2003).

和中浚・吳鴻洲, 『中華醫學文物圖集』(成都 : 四川人民出版社, 2001).

黃帝與中國傳統文化學術討論會文集編委會 編, 『黃帝與中國傳統文化學術
    討論會文集』(西安 : 陝西人民出版社, 2001).

惠煥章・張勁輝 編著, 『陝西歷史百謎』(西安: 陝西旅游出版社, 2001).

논문 · 잡지 · 신문 및 기타

기독교대백과사전편찬위원회, 『기독교연대표』(서울 : 기독교문사, 1985).

김성일, "한민족기원탐사를 통하여 본 셈족의 이동 경로", 「한민족기원탐
    사 학계보고 및 국제 심포지엄 자료집」(서울: 창조사학회 · 국민일보,
    1997).

김영우, "하나님의 바라심", 「아라랏」, 창조사학회소식지 제8호, 1998년 3월호.

김현제, "東洋醫學槪要", 아세아연합신학원 치유선교학과 강의안, 1991.

김혜숙, "신음양론", 〈중앙일보〉, 2000년 10월 11일 수요일 40판.

손영규, 「기독교 세계관과 치유신학」(서울: 아세아연합신학연구원, 1996).

이벤허, "토기와 문화의 이동", 「한민족기원탐사 학계보고 및 국제 심포지엄
    자료집」(서울: 창조사학회 · 국민일보, 1997).

전세일, "동서의학의 공통점과 차이점", 「JKMA」, 대한의사협회지, 1997년
    3월호.

데니스 레인, "개인의 자유가 보장되는 전체주의 왕국", 「빛과 소금」, 1996
년 10월호.

데니스 레인, "동양적 히브리어와 서양적 헬라어의 놀라운 조화", 「빛과 소
금」, 1996년 9월호.